Anja Langlois

Die missverstandene Emanzipation

Wie Wissenschaft, Politik und Medien Männer diskriminieren

Anja Langlois

Die missverstandene Emanzipation

Wie Wissenschaft, Politik und Medien Männer diskriminieren

WiSa

Bibliografische Information der Deutschen Nationalbibliothek
Die Deutsche Nationalbibliothek verzeichnet diese Publikation in der Deutschen Nationalbibliografie; detaillierte bibliografische Daten sind im Internet über http://dnb.d-nb.de abrufbar.

Bibliographic information published by the Deutsche Nationalbibliothek
Die Deutsche Nationalbibliothek lists this publication in the Deutsche Nationalbibliografie; detailed bibliographic data are available in the Internet at http://dnb.d-nb.de.

ISBN: 978-3-95538-016-8

Stuttgart 2014

Inhaltsverzeichnis

Vorwort

Liebe Leserinnen und Leser!

In den 90er Jahren wohnte und studierte ich in Frankfurt/Main und schrieb meine Wissenschaftliche Hausarbeit zum Thema "Die missverstandene Emanzipation – Beiträge zur Diskriminierung des männlichen Geschlechts".
Ausschlaggebend war der damals auffällig männerfeindliche Tenor, der an der Johann Wolfgang Goethe-Universität sowie eigentlich in der gesamten Stadt herrschte, und dem man sich kaum noch entziehen konnte.
Aufzug- und Toilettentüren waren mit "Schwanz-ab"- Parolen beschmiert. Vielerorts wurde von der "männlichen Aggression" gewarnt. Die feministische Liste des Fachbereichs 3 forderte gar im Jahr 1995: "Frauen, wehrt euch gegen die alltäglichen Belästigungen durch Männer! Verwandle deine Angst in Wut! Brülle das Arschloch zusammen!" Im Vorlesungsverzeichnis wurden Seminare angeboten, an denen keine Männer teilnehmen durften.
Das ging mir entschieden zu weit.
Sensibilisiert für die Problematik, fand ich innerhalb kurzer Zeit eine Fülle weiterer Beispiele aus Zeitungen, Zeitschriften, Literatur und TV-Talkshows.
Beim Vergleich wissenschaftlicher Studien zum Thema Geschlechterunterschiede fiel mir dann auf, dass offensichtlich entweder einseitig Literatur ausgewählt wurde, oder aber dass Fakten bewusst einseitig feministisch interpretiert wurden, stets um die These der weiblichen Benachteiligung zu manifestieren.
Einst radikalfeministische Thesen schienen sich allmählich in Wissenschaft und Behörden, in das Sozial- und Kulturwesen und ebenso in die Medien einzuschleichen.
Ziel meiner Wissenschaftlichen Hausarbeit war schließlich das Aufzeigen dieser – meiner Meinung nach – falsch verstandenen Emanzipation und deren gesellschaftlichen Folgen.

Als ich dann im Jahr 2013 begann, mich wieder intensiver mit der Geschlechterdiskussion zu beschäftigten, stellte ich einigermaßen erstaunt fest:

- Meine damaligen Thesen sowie die daraus resultierenden Aussagen und Erkenntnisse waren immer noch *brandaktuell*
- An der Situation der Männer hatte sich so gut wie überhaupt nichts verbessert

- Männer werteten sich nun in ihren Veröffentlichungen sogar schon selbst ab!

Bei der Frau hingegen hatte sich seither Einiges getan: Die Frauenquote war eingeführt, in vielen wichtigen Ämtern und hohen Positionen saßen nun auch Frauen, eine Frau ist Bundeskanzlerin, die Anzahl von Professorinnen an Hochschulen hatte zugenommen, Frauen konnten schon lange ihren Beruf frei wählen oder ob sie überhaupt arbeiten wollten, sie durften alles studieren – sprich, sie waren frei in ihren Entscheidungen, ihr Leben zu gestalten.

Trotz allem gab es immer noch die aggressive feministische Front, welche die von mir damals schon kritisch bewertete Idealisierung und Bevorzugung der Frau weiter vorantrieb. Viele Feministinnen praktizierten weiterhin mit Selbstverständlichkeit, was sie andererseits beim Mann anklagten: Machtstreben und Diskriminierung.

Das fand ich einseitig und ungerecht und darüber wollte ich ein Buch veröffentlichen.

Anja Langlois

Einleitung

In unserer Gesellschaft vollzieht sich ein massiver Werteverschiebungsprozess: Staatsautorität und Politik, Kirche und Religion, Ehe und Partnerschaft werden in zunehmendem Maße in Frage gestellt. Viele Kinder und Jugendliche, Männer und Frauen, verlieren ihre moralisch-ethische Orientierung, da sie nicht wissen, welche der ihnen angebotenen Leitbilder und Wertmaßstäbe sie übernehmen sollen. Eigenschaften wie Ehrlichkeit und Fairness, Toleranz, Eigenverantwortung und Empathiefähigkeit scheinen immer weniger gefragt. Machtstreben, Egoismus und Doppelmoral haben Hochkonjunktur.

Die heutige Emanzipationsbewegung – vor allem ihre extreme Auslegung – tendiert genau in diese Richtung, indem Radikalfeministinnen und -feministen

- für die Frau das Recht auf Würde und weibliche Identität fordern, sie gleichzeitig dem Mann aber nicht zugestehen wollen
- unter dem Deckmantel des neuen weiblichen Selbstbewusstseins Werte und Verhaltensweisen als positiv darstellen, die sie andererseits beim Mann kritisieren
- mit der Begründung der jahrelangen Unterdrückung der Frau Forderungen stellen, die nicht Gleichberechtigung, sondern eine weibliche Bevorzugung zum Ziele haben
- zur Erreichung ihrer Machtansprüche Mittel einsetzen, die umgekehrt – als Verhalten des Mannes – stets kritisiert werden (siehe Kapitel *Feministische Doppelmoral)*
- in wissenschaftlichen Untersuchungen über Geschlechterunterschiede gezielt einseitig Literatur auswählen, um die These der alleinigen Benachteiligung des weiblichen Geschlechts zu belegen
- ohne jegliche Selbstkritik sogenannte weibliche Eigenschaften als erstrebenswert propagieren und sogenannte männliche Eigenschaften diskreditieren

Indem also das weibliche Geschlecht, sowohl in der wissenschaftlichen Diskussion (z.B. über Koedukation, Sozialisation) als auch in den Massenmedien, fast ausschließlich als unterdrückt und diskriminiert dargestellt, und dem männlichen Geschlecht der mit Schuld behaftete Status des Gewaltträgers und Unterdrückers der Frau suggeriert wird, werden weiblicher Machtausbau, überzogene

Forderungen und weibliche Bevorzugung in vielen Bereichen des gesellschaftlichen Lebens legitimiert (siehe Kapitel *Die Macht der Frau in der Politik)*.

Die feministische Ideologie, die keineswegs mit tatsächlichen wissenschaftlichen Erkenntnissen übereinstimmt, hat sich über die Medien im gesellschaftlichen Leben etabliert, so dass immer mehr Frauen mit einer enormen Erwartungshaltung gegenüber dem Mann durchs Lebens gehen und in ständiger Empörungsbereitschaft sind, wenn es um Fehler *der Männer* geht, während diese versuchen, über das Maß der Gleichberechtigung hinaus auf die Bedürfnisse der Frau einzugehen.

Verfolgt man die Forderungen der feministischen Front, so muss man feststellen, dass es diesen Frauen gar nicht um die Gleichberechtigung der Geschlechter geht, sondern vielmehr um eine Höherbewertung und, damit einhergehend, einer bewussten und legitimen Bevorzugung der Frau.

Männerfreie Zonen werden als Voraussetzung für weibliche Emanzipation gefordert und auch gesetzlich verankert. Es gibt u.a. bereits Frauenbuchläden und Frauenausstellungen, zu denen Männer keinen Zutritt haben. Frauen organisieren sich separat und Männer können aufgrund ihres Geschlechts in vielen öffentlichen Bereichen ausgegrenzt werden (siehe Kapitel *Separatismus)*.

Außerdem soll dem Mann ein immer umfangreicherer Pflichtenkatalog aufgebürdet werden, während Frauen zunehmend Rechte und Bevorzugungen genießen wollen.
Dabei praktizieren viele feministische Frauen das, was sie beim Mann anklagen: Machtstreben und Diskriminierung des anderen Geschlechts (siehe Kapitel *Feministische Doppelmoral)*. Ganz allgemein ist eine zunehmende Tendenz zu verzeichnen, die Frau und die ihr zugeschriebenen Eigenschaften zu hofieren und den Mann pauschal zu diskreditieren.

Dieser Trend zeigt sich bereits deutlich in den Medien (siehe Kapitel *Die Darstellung der Geschlechter in den Medien*), die den heutigen Zeitgeist widerspiegeln. Männerfeindlichkeit ist zum kulturellen Mainstream geworden.

Fernsehen, Rundfunk, Kino, Zeitung und Buchhandel haben längst die wichtige Rolle der Frau als Konsumentin erkannt und sich darauf eingestellt. TV-Sender, die hohe Einschaltquoten, oder Zeitschriften und Zeitungen, die hohe Auflagen erreichen wollen, können es sich nicht erlauben, weibliche Belange zu ignorieren oder gar die Frau zu kritisieren (siehe Kapitel *Die Macht der Frau als Konsumentin)*.

Fast 20 Jahre nach der Verfassung meiner Wissenschaftlichen Hausarbeit kommt zur Macht der Frau als Konsumentin noch ein neuer Aspekt hinzu.
Medieninhalte könnten nun zunehmend auch *direkt* von Frauen beeinflusst werden: Den Medienkonzern Bertelsmann sowie eines der größten Verlagshäuser Europas leitet jeweils eine Frau. Insgesamt liegt so gesehen fast 80% der Medienindustrie in weiblicher Hand.

Auch in der Politik ist Frauenfreundlichkeit als Parteiprogrammpunkt ein Muss auf der Jagd nach den begehrten weiblichen Wählerstimmen. Die Benachteiligung der Frau soll abgebaut werden, indem diese nun bewusst aufgrund ihres Geschlechts bevorzugt werden soll. Die feministisch geprägte Umsetzung des Gleichstellungsgesetzes hat daher in vielen Bereichen gesellschaftlichen Lebens keine Gleichstellung der Frau, sondern eine legitimierte Benachteiligung des Mannes zur Folge.
Wer also heute und auch zukünftig in Politik, Wirtschaft oder allgemein in der Gesellschaft etwas erreichen will, sollte seine Frauenfreundlichkeit unter Beweis stellen (siehe Kapitel *Die Macht der Frau in der Politik*).
Zudem haben als Folge der Quotenregelung immer mehr Feministinnen direkten Einfluss auf die Politik und bereits Frauenbevorzugung in vielerlei Bereichen durchgesetzt (siehe Kapitel *Die inhaltliche Feminisierung der Politik*).

Ein Bereich eindeutiger Benachteiligung bzw. Diskriminierung des Mannes aufgrund seines Geschlechts ist die gesetzlich verankerte, seit Juli 2011 ausgesetzte, männliche Wehr- bzw. Ersatzdienstpflicht, die im schlimmsten Falle im Krieg mit der Pflicht endet, zu töten, um nicht getötet zu werden.
Der Krieg – in Geschichtsbüchern und Berichten stets als Feld der Ehre (ideologische Sinngebung) und Domäne der Männer dargestellt – ist gleichzeitig wieder ein beliebtes Thema, um die Benachteiligung der Frau aufzugreifen. Entweder sei die Frau – als friedfertigeres Wesen – wehrloses, unschuldiges Opfer, während Männer Verantwortliche von Gewalt und Täter im Krieg seien, und ihnen somit auch die alleinige Schuld an dem dadurch verursachten Leid zukomme. Oder aber sie dürfe nicht kämpfen, mit Hinweis auf den notwendigen Schutz ihrer gesamtgesellschaftlich wichtigen Reproduktionsfunktion. Das Los des einfachen

Soldaten ohne Befehlsgewalt (97% im zweiten Weltkrieg), dessen Name allenfalls auf irgendwelchen Verlustlisten wiederzufinden sind, ist nahezu ein Tabuthema und soll hier näher beleuchtet werden (siehe Kapitel *Krieg*).

In der Werbung erscheint der Mann immer öfter als dümmlicher Trottel, in Spielfilmen wird er ohne sentimentale Würdigung erschossen. Der Tritt in die männlichen Geschlechtsteile ist Bestandteil vieler Spielfilme und TV-Serien. Entwürdigende Ausdrücke wie *Schwanz* oder *Eier* für sein Geschlechtsteil sind üblich.

Trotz dieser Tatsachen wird immer noch behauptet, die Medien seien frauenfeindlich. In Wirklichkeit sind sie weitaus männerfeindlicher. Dies soll anhand zahlreicher Beispiele, die nur einen Bruchteil dessen ausmachen, was uns täglich in den Medien begegnet, belegt werden (siehe Kapitel *Die Darstellung der Geschlechter in den Medien*).

Die *neuen* Medien (z.B. Internetforen) dienen zunehmend auch als Sprachrohr der bisher noch weitgehend unterdrückten gesellschaftlichen Thematik Männerdiskriminierung, und bieten – im Gegensatz zu den traditionellen Medien – die Möglichkeit eines regen und unzensierten Austausches von Informationen und Meinungen (siehe Kapitel *Aktuelle Entwicklung*).

Eine menschenrechtlich-ethisch und selbstkritische persönliche Reflexion soll dazu beitragen, die Mann-Frau-Beziehung zuküntig wieder positiver definieren zu wollen und sich solidarisch von radikalfeministischen Forderungen und Zielen sowie dem gesellschaftlichen Mainstream abzugrenzen (siehe Kapitel *Schlusswort und Ausblick*).

1. Diskussion der Geschlechterunterschiede in verschiedenen Bereichen der Wissenschaft

1.1. Psychologie

1.1.1. Intelligenz

Insgesamt sind, was die allgemeine Intelligenz angeht, nur minimale Unterschiede zwischen den Geschlechtern festzustellen.
Bei Tests der Wortflüssigkeit zeigen Mädchen gewöhnlich bessere Leistungen als Jungen. Mädchen lernen etwas früher sprechen und eine größere Vielfalt von Worten zu gebrauchen. Sie sprechen deutlicher, lesen früher und schneiden in Rechtschreib- und Grammatiktests durchgehend besser ab als Jungen. Im verbalen Denken und im Wortverständnis ist keine Überlegenheit der Mädchen festzustellen. Auch die zunächst vorhandene Überlegenheit im Lesen ist im Alter von etwa zehn Jahren verschwunden. Wenn Unterschiede gefunden werden, sind diese sehr gering.[1]

Dwyer[2] weist bezüglich des Lesevermögens auf den Einfluss der Gesellschaft hin, den diese auf das Verhalten in der Schule ausübt, indem sie eine Untersuchung von Preston [3] zitiert. Gegensätzliche Beobachtungen im Lesevermögen von deutschen bzw. amerikanischen Schulkindern lassen darauf schließen, dass es sich um einen kulturellen und nicht um einen biologischen Einfluss handelt.
Im Rechenvermögen treten während der Vorschuljahre keine bedeutsamen Geschlechterunterschiede auf.

Besseres Abschneiden von Jungen im rechnerischen Denken ab Ende der Grundschulzeit bis ins Erwachsenenalter[4] erklärt Svensson[5] durch den Einfluss von Rollenerwartungen in unserer Gesellschaft und weist darauf hin, dass in Schweden, wo die Unterschiede zwischen den Geschlechterrollen kleiner sind, auch die Unterschiede in den Mathematikleistungen geringer sind. Im räumlichen Vorstellungsvermögen sind männliche Personen deutlich überlegen. Stafford[6] hält die Wahrscheinlichkeit genetischer Unterschiede als Erklärung für am größten.

Untersuchungen weisen auf eine größere Fähigkeit bei männlichen Personen hin, starre Haltungen, sogenannte Sets, beim Lösen von Problemen aufzugeben oder neue Vorgehensweisen zu versuchen. In Situationen, in denen ein Risiko eingegangen werden muss, zeigen männliche Personen mehr Neugier und weniger Konservatismus als Frauen.[7] Wenn es jedoch um Problemlösung im Bereich zwischenmenschlicher Beziehungen geht, sind Frauen gewöhnlich überlegen.[8]

Untersuchungen zu schulischen Erfolgen zeigen nahezu ausnahmslos im Durchschnitt bessere Leistungen (Noten) bei Mädchen, insbesondere in den Grundschulklassen, auch im Bereich Mathematik und Naturwissenschaften, wobei die Unterschiede in höheren Klassen geringer werden.[9]

In nahezu allen Bereichen, in denen Geschlechterunterschiede in wichtigen Bereichen des kognitiven Funktionierens vorhanden sind, scheinen diese auf die unterschiedlichen Rollenerwartungen in der jeweiligen Kultur zurückzuführen sein.

Auch Nash[10] betont, dass Unterschiede in kognitiven Leistungen bei den Geschlechtern dann erscheinen, wenn der soziale Druck zur Anpassung an die Geschlechterrolle in der Pubertät ansteigt. Mädchen, die die männliche Geschlechtsrolle vorzogen, hatten gleich gute visuell-räumliche Leistungen wie Jungen. Unter den 14-jährigen Mädchen gab es schon wesentlich weniger, als unter den 11-jährigen. Lediglich Stafford[11] nimmt an, dass die Unterschiede in den Mathematikleistungen eine starke genetische Komponente haben.

1.1.2. Persönlichkeitsunterschiede

Am deutlichsten sind die Geschlechterunterschiede hinsichtlich der Aggression. Männliche Personen aller Altersklassen sind generell aggressiver als weibliche, wobei Carol Hagemann-White[12] zu bedenken gibt, die durchschnittliche Häufigkeit aggressiven Verhaltens liege zwar bei Jungen höher, jedoch sei nicht klar, ob dies auf das Konto eines kleinen Anteils von sehr aggressiven Jungen geht oder ob die Mehrheit der Jungen aggressiver ist als die Mehrheit der Mädchen.

Während Margaret Mead den größten Teil variierender Verhaltensweisen Umwelteinflüssen zuschreibt,[13] nimmt Roger Brown an, die Aggression sei genetisch mit dem Geschlecht verknüpft.[14] Dem widerspricht die Feminstin Carol Hagemann, indem sie eine Untersuchung von Tieger[15] zitiert.[16] Sie lehnt die Theorie des Y-Chromosoms als mögliche Ursache ebenso ab wie eine mögliche hormonelle Verursachung männlicher Aggression.[17] Aus feministischer Sicht ist eine biologische Erklärung für höhere männliche Aggression anscheinend nicht denkbar, da in diesem Fall die Verantwortung nicht beim Mann selbst liegen würde, sondern vielmehr *in der Natur der Dinge*. Somit wäre die Theorie der männlichen Aggression und Gewalt zur Unterdrückung der Frau nicht mehr haltbar.

Wissenschaftler verschiedener Fachbereiche, die sich im Jahr 2003 mit dem Themenfeld "Geschlecht – Gewalt – Gesellschaft" auseinandersetzten, wiesen die typischerweise durch Medien und weite Teilen der Wissenschaft vermittelte Aussage *Gewalt ist männlich* zurück. Sie sei falsch und stelle eine erhebliche Verzerrung der gesellschaftlichen Realität dar. Vielmehr hätten nachweislich problematische Biographien viel größeren Einfluss auf die Entstehung von Gewalt.[18]

Wurden Einschätzskalen verwendet, so wird eine höhere Unselbständigkeit bei Mädchen in der Adoleszenz und Frauen festgestellt.

Wird jedoch die direkte Beobachtung zur Bestimmung männlicher und weiblicher Selbständigkeit angewandt, so lassen sich bei Kindern vom Säuglingsa1ter bis zum Alter von acht Jahren keine konsistenten Geschlechtsunterschiede feststellen.[19]

In der Kindheit ist die emotionale Stabilität bei beiden Geschlechtern etwa gleich ausgeprägt, manifestiert sich jedoch unterschiedlich. Anastasi[20] stellte fest, dass Verhaltensprobleme (wie z.B. Wutausbrüche) im Vorschulalter und in der Grundschule bei Jungen verbreiteter sind, während nervöse Gewohnheiten wie Daumenlutschen öfter bei Mädchen vorhanden sind.

Im Gegensatz zu den kognitiven Bereichen weisen Untersuchungen zur Persönlichkeitsstruktur beträchtliche Geschlechterunterschiede auf, wobei die höhere männliche Aggressivität möglicherweise auf unterschiedliche biologische Faktoren zurückzuführen sein könnte, [21] während die meisten anderen beobachteten Unterschiede zumindest teilweise als Ergebnis der Interaktion von Anlage und Umwelt, wenn nicht sogar vollständig als kulturell bedingt anzusehen sind.
In Bezug auf den Zusammenhang zwischen Persönlichkeit und intellektueller Leistung stellt Maccoby[22] die Hypothese auf, sehr hohe oder sehr niedrige Ausprägungsgrade der Persönlichkeitsmerkmale Kühnheit, Impulsivität und Aggressivität seien mit niedrigen Leistungsniveaus verknüpft.

Wäre dies zutreffend, so würden sich daraus auch Konsequenzen für die neuerdings wieder reichlich in die Kritik geratene Koedukation ergeben. Es würde nämlich bedeuten, dass auch Jungen in der Schule benachteiligt sind, nämlich durch ihren höheren Ausprägungsgrad an Aggressivität.

Um optimale intellektuelle Leistungen zu erzielen, müssten demnach Mädchen weniger passiv und gehemmt und Jungen weniger impulsiv werden.

Möglicherweise aufgrund zunehmender feministischer Orientierung ändert Maccoby jedoch einige Jahre später ihre Haltung. Sie glaubt nun nicht mehr an die größere Impulsivität von Jungen, wenngleich sie weiterhin feststellt, dass Mädchen ängstlicher und Jungen aggressiver sind. Sie vertritt nun die Auffassung, die 1966 aufgezeigten Zusammenhänge träfen lediglich auf Mädchen zu.[23]

1.1.3. Die Entwicklung von Geschlechterrollenstereotypen

Da die Sozialisierung in unserer Gesellschaft vor allem in den Familien und in der Schule stattfindet, muss untersucht werden, inwieweit sie die Entwicklung von geschlechterrollenstereotypen Verhaltensweisen bei Jungen und Mädchen fördert.

Das Verhalten von Kindern ist in nicht unerheblichem Ausmaß von der Geburt an durch ihr Geschlecht festgelegt. Unterschiedliche Erwartungen und Vorstellungen führen zu unterschiedlicher Behandlung und schließlich übernimmt das Kind das Geschlechterrollenverhalten, das die Gesellschaft vorschreibt. Diese Stereotype beeinflussen die Interaktionen von Eltern und Lehrern sowie der Kinder untereinander. Sie steuern das Verhalten und gelten als Normen, an denen Verhalten gemessen wird.
Auch Eltern beginnen früh damit, sich so zu verhalten, dass eine Übereinstimmung zwischen den allgemein anerkannten Stereotypen und dem Verhalten ihrer Kinder herbeigeführt wird.

Moss [24] fand heraus, dass Mütter Söhnen signifikant mehr Aufmerksamkeit schenkten als Töchtern, indem sie ihre Aktivität förderten. Smith[25] beschreibt, die Mütter forderten systematisch die allgemeine Aktivität bei Jungen, obwohl sie bereits erregbarer waren. Bei Mädchen förderten sie verbales Verhalten und Interaktionen.

Maccoby[26] stellte fest, dass Jungen durchgehend mit größerem Nachdruck davon abgehalten werden als Mädchen, ein ihrem Geschlecht nicht entsprechendes Verhalten anzunehmen. Insgesamt ist auffallend, dass sich aus der Literatur über die Sozialisation der Geschlechterrollen in der Familie kein klares Bild darüber ergibt, wie diese Sozialisation stattfindet. Obwohl an anderer Stelle stets die Abwesenheit der Väter kritisiert und darauf hingewiesen wird, die Mütter müssten die Erziehungsarbeit zum größten Teil allein bewältigen, [27] ist trotzdem im Zusammenhang mit Untersuchungen immer von *den Eltern* die Rede. Man könnte die Vermutung anstellen, dass die Verantwortung für eine Erziehung, die die Festigung der Geschlechterrollenstereotype begünstigt, wie zum Beispiel eine unterschiedliche Behandlung in Bezug auf die Aktivität der Kinder, ihr emotionales Verhalten oder ihr Spielverhalten, die überwiegend bei der Mutter liegt, verwischt werden soll, indem man allgemein den Begriff *Eltern* oder *Familie* verwendet.
Besonders auffällig ist, dass in der gesamten Erziehungsdiskussion die größere Verantwortung der Mutter völlig in den Hintergrund tritt. Selbst in wissenschaftlichen Arbeiten, die aufgrund empirischer Untersuchungen ein solch unterschiedliches erzieherisches Verhalten nach Geschlecht feststellen, wird der Mutter nie eindeutig die unmittelbare Verantwortung zugeschrieben. Beispiele:

- "Die Ausbildung von stereotypen Geschlechterrollen, die an den Schulen und in den Familien stattfindet"
- "Bereits in sehr frühem Alter wird den Mädchen von ihren Eltern und Lehrern ein sehr konsistentes Bild der Welt vermittelt, das zur Ausbildung eines stereotypen weiblichen Rollenverhaltens führt"

Das heißt, man findet zwar heraus, dass Jungen und Mädchen unterschiedlich erzogen werden, und behauptet, dies sei eine Benachteiligung der Mädchen, jedoch kommt nicht zur Sprache, dass dies vorwiegend durch das Erziehungsverhalten der Frauen geschieht, nämlich der Mütter bzw. im Kindergarten der Erzieherinnen und in der Grundschule vor allem der Lehrerinnen ("Erziehungsmatriarchat").

So gibt es denn auch sehr verschiedene Interpretationsweisen, um eine Benachteiligung der Töchter gegenüber den Söhnen "festzustellen". Ermittelten Brunner und Lezine in einer Untersuchung in Frankreich, dass Mütter eine

Tochter wesentlich seltener und kürzer an der Brust stillen als einen Sohn, so werteten Belotti[28] und andere dies als Beleg für die Benachteiligung von Mädchen. Berichteten Goldberg und Lewis in den USA, dass Mädchen bereitwilliger und länger gestillt würden als Jungen,[29] so ließe sich dies angeblich wieder als Tendenz deuten, die Töchter eher zur Anhänglichkeit und Abhängigkeit zu erziehen.

Hagemann-White[30] zitiert Untersuchungen, die besagen, dass Söhne häufiger geschlagen werden[31] und insbesondere eher mit einem Gegenstand geschlagen oder bedroht werden als Töchter. Sie lässt jedoch hierbei jegliche Wertung vermissen, Söhne würden demnach benachteiligt. Denn laut Newson & Newson unterscheiden sich die Anlässe für Bestrafung nicht nach Geschlecht: Frechheit, Kraftausdrücke u.ä. werden etwa gleich häufig bei Jungen wie bei Mädchen als Anlass für Strafe genannt.
Es sollte eine Überlegung wert sein, warum es zu dieser unterschiedlichen – und unterschiedlich häufigen – Bestrafung kommt und ob hier etwa die Vorstellung von Rollenstereotypen eine Rolle spielen könnte. Weiterhin fanden die Newsons heraus, dass diejenigen Kinder hohe Aggressivität aufweisen, deren Mütter nach dem Prinzip Strafe erzögen und insbesondere Schläge häufiger einsetzten.

Frau Hagemann-White lässt auch hier wieder die Schlussfolgerung vermissen, dass demnach zu vermuten sei, Jungen verhielten sich auch deshalb aggressiver, weil sie derartige Disziplinierungsmaßnahmen in größerem Ausmaße erfuhren. Da die direkte Verantwortung in diesem Punkt unverkennbar bei den Müttern zu liegen scheint, findet Carol Hagemann-White einen interessanten Erklärungsversuch: die Tatsache, dass doppelt so viele Jungen wie Mädchen mindestens einmal täglich geschlagen würden,[32] müsse die Auswirkungen miterlebter Misshandlung der Mütter berücksichtigen.
Abgesehen davon, dass Frau Hagemann-White durch ihre Arbeit im Frauenhaus einseitige Erfahrungen im Umgang mit Frauen macht, da sie nur mit Frauen arbeitet, die von ihren Männern geschlagen oder misshandelt wurden, soll durch diese Aussage der Eindruck entstehen, nur Mütter, die selbst misshandelt wurden, schlügen ihre Kinder, was im Folgenden nicht einmal versucht wird, zu beweisen. Somit werden die "mütterlichen Erziehungsmaßnahmen" zwar nicht legitimiert, aber doch entschuldigt.
In ihrer Zusammenfassung der Ergebnisse verschleiert sie die Verantwortung der Mütter mit dem Satz: "Hohe Aggressivität von Kindern scheint in einem Zusammenhang (möglicherweise eher Teufelskreis als Verursachungskette) mit

spezifischen Interaktionsformen mit der Mutter zu stehen. Diese Interaktionsformen – Strafe, Schläge und nur zögerndes Angebot von Körpernähe/-kontakt als Trost – sind auch Jungen gegenüber häufiger als Mädchen." [33]
Abschließend bestreitet sie nochmals den Einfluss der "mütterlichen Erziehung" auf die Übernahme von geschlechtsspezifischen Verhaltensweisen: "Ohne Zweifel tragen Erfahrungen in der Familie sowohl zur Verstärkung vorhandener Neigungen … . Und obwohl die Forschung sich geradezu monoman auf die Erziehung der Mütter gestürzt hat, ist von dort am allerwenigsten eine geschlechtsspezifische Beeinflussung nachweisbar ... ."[34]

Jungen lernen sehr früh, dass Niederlagen, Kummer und Angst nicht in das von ihnen erwartete Bild des "Starken Mannes" passen. Sie geben sich nicht von Natur aus unverletzlich, stark und überlegen, sondern aufgrund ihrer geschlechtlichen Sozialisation.

Nach Beobachtungen der Sozialwissenschaftlerin Ulrike Schmauch in einer Krabbelgruppe würden Jungen dazu angehalten, ängstliche Gefühle in Bewegung und Aktivität umzuwandeln. Durch Inszenierungen von Stärke würden unsicher oder hilflos machende Gefühle verdrängt.[35]

Auch vielen Eltern fällt es schwer, Angst und Schwäche bei Jungen im Kleinkindalter anzunehmen und zuzulassen. Sie befürchten, der Sohn könnte zu weich werden, so dass er später in der harten Männerwelt nicht bestehen könne.

Zu den traditionellen Vorstellungen, wie ein Junge zu sein hat, kommen in den letzten Jahren noch "moderne" Vorstellungen hinzu und haben paradoxe Anforderungen geschaffen: zusätzlich sollen die Jungen heute auch noch sensibel, konfliktfähig und sozial sein.[36]

Der Wandel der Geschlechterrollen ist heute gekennzeichnet durch die Vielzahl und Widersprüchlichkeit der Erwartungen.
Mädchen haben gegenwärtig jedoch eindeutige Vorteile: das positiv-weibliche Stereotyp hat in den Medien Hochkonjunktur, sei es die erfolgreiche, selbstbewusste Karrierefrau, die weiß, was sie will, die Abenteuerfrau, die alle Gefahren meistert, oder auch die liebevolle Mutter. Stärke ist genauso gefragt wie

Gefühl und je nach Situation anwendbar (siehe Kapitel *Die Darstellung der Geschlechter in den Medien*).

Das alte Männerstereotyp hingegen wird auf der einen Seite von Frauen, aber auch verstärkt von den Männern selbst, angeklagt und öffentlich diskreditiert.
Es wird oft nur noch dort akzeptiert, wo es nur der Frau Vorteile bringt (Bsp. Kapitel *Krieg:* Titanic, Bundeswehr).
Das Stereotyp des "starken Mannes" wird sogar bewusst missbraucht. In ihrer Rolle gefangen, können sich Männer deshalb in vielen Situationen nicht gegen verletzende Ausdrücke oder Handlungen wehren, weil sie gelernt haben, keine Schwäche zeigen zu dürfen.
So geraten schon kleine Jungen in die Situation, nicht zu wissen, mit welchem männlichen Bild sie sich identifizieren sollen. Von Pädagogen müsste dieses Problem in die Unterrichtspraxis aufgenommen werden, um den Jungen Orientierungsmöglichkeiten zu geben.

1.2. Pädagogik: Koeduktionsdebatte

Besonders feministische Autorinnen behaupten, der Koedukationsunterricht stelle eine Benachteiligung der Mädchen dar.
Koedukation bestärke ein Sozialverhalten, das die Durchsetzungskraft und Risikobereitschaft der Jungen fördere und die Mädchen vor allem in ihrer Anpassungsfähigkeit und Sozialkompetenz beanspruche.[37]
Hagemann-White behauptet, die Schulpädagogik habe eine Fülle von Unterrichtsmethoden für Schulschwierigkeiten entwickelt, die häufiger bei Jungen vorkommen, wie z.B. Schwierigkeiten beim Lesen lernen und bei der Rechtschreibung, und zitiert Sherman, die äußert, man könne die Geschichte der Pädagogik als Geschichte der Bemühungen sehen, männliche Kinder auszubilden, denn gegen die Schwäche der räumlichen Fähigkeiten der Mädchen tue die Schule erheblich weniger.[38] Einige Seiten zuvor (S. 24) zitiert sie jedoch eine Untersuchung Shermans mit dem Ergebnis, dass bis einschließlich der 9. Klasse keine Unterschiede zwischen Mädchen und Jungen bezüglich der räumlichen Fähigkeiten auftreten.[39]

Wie bereits erwähnt, bemängelt sie, dass im Bereich Rechtschreiben und Lesen lernen, in dem Jungen häufiger Probleme hätten, Förderunterricht erteilt würde.

Auf Seite 21 zitiert sie allerdings zuvor Sherman,[40] die feststellt, die sprachlichen Fähigkeiten der Mädchen seien in allen Altersklassen denen der Jungen mindestens gleich, der Unterschied sei jedoch belanglos.

Um die Benachteiligung der Mädchen aufzuzeigen, behauptet sie, in Kindergärten und Vorschulen würden Bausteine zum Spielen schnell als kollektives Eigentum der Jungen angesehen. Von einem eventuellen größeren Interesse der Jungen an Bausteinen, das auch auf die Erziehung in der Familie, meist durch die Mutter, zurückzuführen sein könnte, wird nicht gesprochen. Anschließend berichtet sie von einer Begebenheit aus dem Turnunterricht ihrer Tochter, um anhand dieser persönlichen Erfahrung zu manifestieren, Mädchen würden im Koedukationsunterricht benachteiligt.[41]
Zum Thema "höhere Aggressivität bei Jungen" nimmt sie an, dieses Ergebnis sei auf die extreme Aggressivität weniger Jungen zurückzuführen, weil ein Teil der Söhne aus Misshandlungsehen begonnen hätten, sich mit dem gegen die Mutter hemmungslos aggressiven Vater zu identifizieren.[42]

Es handelt sich hier um eine emotional stark belastete Aussage, die zudem nur auf einer Vermutung aufgrund von Schätzungen von Walker[43] beruht, die annimmt, in jeder zweiten Ehe werde die Frau geschlagen. Anhand einer keinesfalls bewiesenen Vermutung soll das Vorurteil des "schlagenden Mannes" pseudowissenschaftlich gefestigt werden und führt schließlich zu der Folgerung, [44] wir würden als Erwachsene entscheiden müssen, ob wir in einer Gesellschaft leben wollten, die ein solch hohes Maß männlicher Aggressivität tolerierte.
Es ist eindeutig herauszulesen, dass es sich bei Carol Hagemann-White um eine feministische Autorin handelt, die durch ihre Arbeit im Berliner Frauenhaus[45] und in der Frauenforschung einen bestimmten Standpunkt zur männlichen Aggression vertritt, den sie zu Lasten einer wissenschaftlichen, objektiven Arbeit in ihrem Buch herauszuarbeiten versucht.
An anderer Stelle beschreibt sie im Zusammenhang mit der Identitätssuche Jungen im Alter zwischen drei und fünf Jahren als labiler. Mit dieser Labilität seien aber harte Geduldsproben für die *erziehende Person* verbunden, die leicht zum eigenen Aggressionsausbruch, zum Schlagen reizten.
Der Junge überspiele einen eventuellen "Rückfall in undifferenzierte Abhängigkeit", indem er der Mutter gegenüber Verachtung demonstriere und sie dazu reize, ihn durch Schläge in seine Grenzen zu verweisen.

Die Geschlechtsidentität des Jungen bestimme sich also durch Abgrenzung und Negation (nicht-Frau-sein). Diese "kann und darf sich durch die Herabsetzung der Frau/der Mutter entwickeln".[46]

Auffallend ist, dass in diesem Zusammenhang, in dem die Frau in der Opferrolle beschrieben wird, auch das Wort *Frau* und *Mutter* gebraucht wird, während im Gegensatz dazu bei der Diskussion um die Aggressivität der Jungen und ihrer möglichen Ursachen meist von der *Familie*, den *Eltern* oder den *Lehrern* die Rede ist.

Bei Aggressionen von Mädchen spricht sie von einem "diffusen Aggressionsstau". Sie berichtet, wie Jungen beispielsweise nach Schulschluss in gegenseitiges Boxen und Raufen verfielen, während Mädchen zunächst ruhiger wirkten. "Doch nach einer oder mehreren Stunden, bei irgend einem kleinen 'Unrecht', das einen legitimen Anlass zum Ärger bietet, werden sie von der gestauten Aggressivität überschwemmt." Statt "grundlos loszuprügeln" würde das Mädchen gemessen am Anlass unverhältnismäßig wütend, was ihr später die Bezeichnung "hysterisch" einbringe.[47]
Letztlich kritisiert sie den unterschiedlichen Umgang mit den Daten der Untersuchungen über Geschlechterunterschiede, von dem sie geschlechtstypisches Verhalten innerhalb der Wissenschaft ableiten zu können glaubt. Sie spricht von einer unterschiedlichen Aggressivität im Vorbringen von Schlussfolgerungen. Diese kann auch bestätigt werden, jedoch mit umgekehrten Vorzeichen.

Von feministischen Autorinnen wie Carol Hagemann-White wird behauptet, Lehrer und Lehrerinnen gäben sich deutlich mehr Mühe, den Jungen das Lernen nahezubringen. Sie würden im Unterricht mehr beachtet, der Unterricht wäre generell mehr auf die Interessen der Jungen ausgerichtet.
Es wird festgestellt, Koedukation nütze nur den Männern,[48] "die Schulklasse sei das ideale Übungsfeld für männliche Überlegenheit und weibliche Unterlegenheit".[49]
Um das zu beweisen, wählen feministische Autorinnen wie z.B. Dale Spender[50] bewusst parteilich und entsprechend rezeptiv Literatur aus.
Preuss-Lausitz [51] kritisiert diese Vorgehensweise bei einer vielzitierten Interaktionsstudie von Enders-Dragässer/Fuchs[52] und hegt den Verdacht, die Forscherinnen berichteten nur das, was sie ohnehin belegen wollten. Außerdem würden solch unsichere Ergebnisse wiederum von anderen Forscherinnen unkritisch übernommen.[53]

Was ist das für eine Wissenschaftlichkeit, die nur solche Untersuchungen auswählt und zitiert, die das gewünschte Ergebnis bestätigen? Es ist nicht nachvollziehbar, wie es bei gleichen Anlagen der Intelligenz[54] und Bevorzugung der Jungen in allen schulischen Bereichen [55] trotzdem zu besseren Noten der Mädchen kommen kann.[56] Mädchen sind in der Schule überall benachteiligt und machen doch die besseren Abschlüsse.

Über 60% der Schulentlassenen ohne Hauptschulabschluss sind Jungen. Der Mädchenanteil an Gymnasien beträgt 50,4%, Realschulen 53%. An Hauptschulen werden deutlich mehr Jungen unterrichtet (61%). Der Jungenanteil an Sonderschulen betrug im Schuljahr 1985/86 61%.[57]

Auch die Ergebnisse der im Herbst 2006 durchgeführten 15. Shell-Jugendstudie waren frappierend. Leiter der Studie, der Bielefelder Sozialwissenschaftler Klaus Hurrelmann, erklärte, die Frauen seien bald die neue Bildungselite in Deutschland und warnte: "Bald haben wir 15 bis 20% abgehängte junge Männer, die benachteiligt sind." Dann sei Männerförderung angesagt.[58]
Im Jahr 2012 machten 37,8 % der Mädchen Abitur, aber nur 29,4 % der Jungen. Zwei Drittel der Sonder- und Förderschüler sind männlich. Auf 100 Jungen, die die Schule abbrechen, kommen in Deutschland nur 88 Mädchen.[59]
Hingegen erklärte Ministerin von der Leyen der BERLINER ZEITUNG in typisch feministischer Argumentationsmanier: "Ich finde es nicht so schlimm, dass Mädchen in Sachen Bildung an den Jungen vorbeiziehen. Wären die Zahlen anders herum, würde kein Hahn danach krähen." Wenn Mädchen in der Schule aufholen, sei das nicht besorgniserregend, sondern überfällig.[60]

Lange Zeit haben nur vereinzelt Journalistinnen auf die Benachteiligung von Jungen in der Schule hingewiesen. Sabine Etzold wies im Jahr 2002 in ihrem Artikel für die ZEIT darauf hin, dass nicht Mädchen, sondern Jungen in Schule und Elternhaus benachteiligt würden.[61]
Unter Einbeziehung der Ergebnisse der PISA-Studie sowie dem Vergleich von Noten und Abschlüssen von Jungen und Mädchen gelangte sie zu der Schlussfolgerung, Jungen würden allein aufgrund ihres Geschlechts diskriminiert. Sie zeigte weiterhin auf, dass es eine Abwertung von Jungen gäbe, welche die Abwertung von Männern in unserer Gesellschaft widerspiegele: "Sie werden als sozial und sexuell inkompetent, kommunikationsunfähig und schwach im

Bewältigen von Konflikten beurteilt." (siehe Kapitel *Die Darstellung der Geschlechter in den Medien*)

Die Schulpsychologin Gudrun Schulz-Wenski betont, bei vielen Jungen gehe es bei schlechten Schulleistungen noch stärker als bei Mädchen um alles oder nichts. Die Furcht vor dem Versagen sei ganz stark jungenspezifisch, mitverursacht durch die Zukunftsangst der Eltern.[62] Fast jeder Junge sei sich mehr oder weniger bewusst, dass er später einmal in einem Beruf "seinen Mann stehen müsse". Jungen müssten sich auf ein Leben als Ernährer vorbereiten. Auf ihnen laste der Druck der ihnen gesellschaftlich zugeschriebenen Rolle.[63]
Das könnte auch die Erklärung für den erschreckend hohen Jungenanteil an psychischen und psychosomatischen Störungen[64] und die – im Vergleich zu Mädchen – dreimal so hohe Selbstmordrate bis zum Alter von zwanzig Jahren sein.[65]

Matthias Franz, Professor für Psychosomatische Medizin und Psychotherapie an der Universität Düsseldorf berichtet: "Schon Jungen im Alter von 12 bis 15 Jahren haben eine dreimal so hohe Suizidrate wie Mädchen... Niemand interessiert sich für diese Zahlen, noch nicht einmal diejenigen kümmern sich darum, deren Aufgabe das wäre. Ich habe wegen dieser Problematik zwei-, dreimal ans Bundesfamilienministerium geschrieben. Nie habe ich von dort in dieser Sache eine Antwort bekommen... Meiner Meinung nach gibt es ein kollektives Empathieversagen gegenüber Jungen."[66]

Raether/Stelzer legen die Vermutung nahe: Brächten sich viel mehr Frauen (Mädchen) um als Männer (Jungen), so gäbe es mit Sicherheit Kampagnen, Forschungs- und Präventionsprogramme.[67]

Schnack/Neutzling betonen, man solle nicht den Fehler machen, die Jungen für bevorzugt zu halten, wenn sie vor allem durch Störungen auffallen. Angepasste Mädchen hätten zwar dadurch Nachteile, stille Jungen aber genauso. Außerdem würden die verborgenen Ängste der Jungen, die meist hinter deren lautstarken Äußerungen ständen, genauso wenig thematisiert.[68]

Es könne also in diesem Zusammenhang nicht darum gehen, nun nur das Problem der im Durchschnitt stilleren Mädchen zu thematisieren. Vielmehr solle bewusst allen Schülerinnen und Schülern nach individuellen Bedürfnissen "Achtung und

Beachtung" geschenkt werden, "eine Schulerziehung ohne Gewalt und Gewaltbelohnung, aber mit Bekräftigung für Fürsorglichkeit und Dasein für andere." Das sei, zumindest in der Grundschule, vor allem eine Aufforderung an die Lehrerinnen.[69]

Im Gegensatz zur mädchenorientierten feministischen Forschung mangelt es an wissenschaftlichen Arbeiten, die körperliche und seelische Störungen von Jungen mit ihrer geschlechtsspezifischen Situation in Zusammenhang bringen.
Beispielsweise sind unter Stotterern Jungen viermal so häufig vertreten wie Mädchen. Zudem ist das Stottern nicht mit dem Bild des souveränen, selbstsicheren Mannes zu vereinbaren.[70]
Es entsteht der Eindruck, die Probleme der Jungen interessierten entweder weniger oder man tue sich mit der Vorstellung schwer, Jungen könnten schwach oder hilfsbedürftig sein.
Forschungen hatten früher meist *die Kinder* allgemein als Gegenstand; die feministische Forschung ist einseitig auf die Probleme der Mädchen ausgerichtet.
Die Notwendigkeit frauenspezifischer Schulforschung wird damit begründet, dass o.g. Untersuchungen die besondere Situation der Mädchen nicht widerspiegelten. Sie spiegeln allerdings auch die besondere Situation der Jungen nicht wider.
Feministinnen fordern, Lehrer sollten mehr auf die spezifischen Probleme der Mädchen eingehen. Die spezifischen Probleme der Jungen werden nicht berücksichtigt. Es ist beispielsweise dringend erforderlich, zu hinterfragen, *warum* die meisten Schulstörer Jungen sind. Wichtig wäre auch, das Konkurrenzverhalten von Jungen in der Schule zu untersuchen, sowie ihre Methoden der Angstbewältigung.
Hinter ihren Disziplinverstößen und Störungen verbirgt sich eine große Hilfsbedürftigkeit, die so gut wie nie thematisiert wird.
Schnack/Neutzling fragen zurecht kritisch: "Wie viel Selbstzweifel verbirgt sich dahinter, wenn ein Kind wenigstens einmal am Tag absolut im Mittelpunkt stehen muss, und sei es durch einen ausgekippten Schultornister oder eine rüde Zankerei?" und "Wie unterlegen fühlt sich jemand, der von morgens bis abends seine Überlegenheit demonstrieren muss?"[71]

Die Zwanghaftigkeit, mit der manche Jungen ihre Souveränität zu beweisen trachten, scheint in Wirklichkeit ein Unterdrückungsmechanismus ihrer Angst zu sein. Messungen der Leitfähigkeit der Haut haben ergeben, dass Jungen im Durchschnitt genauso viel Angst haben wie Mädchen, nur scheint es ihnen nicht erlaubt zu sein, diese Angst zu zeigen. Denn bei Untersuchungen anhand von Fragebögen sind die Angstwerte der Jungen deutlich niedriger als die der Mädchen.[72]

Die feministische Pädagogik fordert geschützte und eigenständige Entwicklungsbereiche für Mädchen und stimmt überraschenderweise mit der traditionellen Mädchenbildung überein.
Elke Ostbronk-Fischer verlangt, die Pädagogik, die eine Pädagogik für Jungen sei, durch eine "Femagogik" zu ersetzen.[73]
In der ZEITSCHRIFT FÜR PÄDAGOGIK[74] gelangt man jedoch in einem Resümee der verfügbaren Ergebnisse zu der Auffassung, dass in empirischen Untersuchungen festgestellte Leistungsvorteile von reinen Jungen- und Mädchenschulen[75] in erster Linie auf die Selbstselektion der Klientel dieser Schulen zurück zu führen seien und Auswirkungen der Koedukation oder Geschlechtertrennung im Leistungsbereich gering zu veranschlagen seien.

Hepting stellte schon in den 70er Jahren fest, dass Mädchen lieber koedukative Schulen besuchten als reine Mädchenschulen.[76] Mädchen äußerten sich eher positiv über das soziale Klima in der Schule als Jungen,[77] ganz im Gegensatz zu der feministischen These, die Mädchen würden in der Schule leiden.[78]

Auch die Behauptung, "Mädchen seien an den Rand gedrängt", muss angezweifelt werden. Untersuchungsergebnisse von Petillon[79] besagen, dass Mädchen häufiger beliebt sind, auch bei Jungen. Unter den sehr beliebten Schülern waren gleich viele Jungen wie Mädchen, unter den unbeliebten aber zu 3/4 Jungen. Die Schüler begründen ihr Urteil über unbeliebte Schüler durchweg mit deren vorlautem, störendem, aggressivem Verhalten. Auch Czerwenka stellt fest, dass "Aggressivität" ... häufiger Grund zur Unbeliebtheit sei, was also in höherem Maße den Klassenstatus der Jungen beeinflusse.[80]

Ein weiterer Kritikpunkt an der Koedukation, nämlich, sie verstärke Interessenprofile, konnte von Husen[81] und Dale[82] bestätigt werden. Im gemeinsamen Unterricht wachse die Distanz von Mädchen gegenüber Mathematik und Naturwissenschaften und die der Jungen gegenüber Kunst, Sprache und Literatur. Auch Ormerods Untersuchung bestätigt die polarisierende Wirkung der Koedukation.[83]

Baumert[84] berichtet, im Fach Mathematik verstärke sich die Interessendifferenz von Mädchen und Jungen bei Koedukation am meisten. In den Fächern Englisch und Deutsch steige das Interesse von Mädchen bei Koedukation an, während es bei Jungen sinke. Jungen haben demnach in Englisch und Deutsch Nachteile bei Koedukation. Anstatt auch auf diese Konsequenz einmal deutlich hinzuweisen, werden, insbesondere in feministischen Arbeiten, meist nur die Vorteile der Jungen und die Nachteile der Mädchen deutlich als solche benannt.

Es wird weiterhin gesagt, dass Jungen im Fach Deutsch besonders von der Geschlechtertrennung zu profitieren scheinen. Dieses Ergebnis hätte man auch aus umgekehrter Perspektive ausdrücken können: im Fach Deutsch (in Englisch übrigens auch; Anmerkung der Verfasserin) scheinen die Jungen bei Koedukation etwas benachteiligt zu sein, denn ihr Interesse an Deutsch und Englisch sei bei Koedukation geringer.[85]

Fazit: Nachteile von Mädchen (deutlicher Interessenverlust in Mathematik) und Vorteile von Jungen (bei Geschlechtertrennung im Fach Deutsch) werden betont, Nachteile von Jungen und Vorteile von Mädchen werden nicht direkt als solche benannt – es wird vielmehr formuliert, das Interesse steige oder sinke – oder aus entgegengesetzter Perspektive dargestellt (Hinweise auf Vorteile von Jungen bei Trennung, anstatt auf Nachteile bei Koedukation).

Ergebnis dieser Darstellung soll sein, die Entfaltungsmöglichkeiten von Mädchen seien durch Koedukation "in breiten und gesellschaftlich wichtigen Lebensbereichen vermutlich erheblich reduziert." [86] Folglich sei eine Geschlechtertrennung zumindest im mathematisch-naturwissenschaftlichen Unterricht im Interesse der Mädchen notwendig.

Es fällt schwer, dieser einseitigen Argumentation zu folgen.
Erstens ist unverständlich, warum in unserer heutigen multikulturellen und multilinguistischen Gesellschaft bzw. Arbeitswelt sprachliche Fächer geringer eingestuft werden sollen als mathematisch-naturwissenschaftliche.
Es ist zweitens unverständlich, warum trotz einer negativen Interessenentwicklung der Jungen in Deutsch und Englisch unter Koedukationsbedingungen lediglich eine getrennte Unterrichtung von Jungen und Mädchen in den Fächern gefordert wird, in denen Mädchen Nachteile haben.[87]

Die angeblich niedrigeren *Leistungs*niveaus von Mädchen in den mathematisch-naturwissenschaftlichen Fachgebieten werden von Koedukationskritikern (vor allem -kritikerinnen) als koedukationsbedingt angesehen. Leistungsvorsprünge der Mädchen in den sprachlichen Fächern werden in der Regel nicht thematisiert.

Zudem zeigen zwei in den USA vorgelegte Analysen, die jeweils etwa 100 nach 1974 publizierte Studien zu mathematischen Leistungen berücksichtigen, dass die geschlechtsspezifischen Leistungsunterschiede in den vergangenen 15 Jahren bis hin zur praktischen und statistischen Bedeutungslosigkeit abgenommen haben.[88] Insgesamt scheinen die Auswirkungen der Organisationsform des Lernens auf die Leistung gering. Unterschiede lassen sich nur für den Mathematikunterricht nachweisen, in dem bei Koedukation Jungen und Mädchen bessere Leistungen zeigen. Die vielfach geäußerte Vermutung, koedukativer Unterricht verstärke geschlechtsspezifische Leistungsprofile, kann nicht bestätigt werden. Es zeichnet sich vielmehr eine Tendenz zur Leistungshomogenisierung ab.[89]

Carol Hagemann-White fordert zur Unterstützung der Mädchen eine grundlegende Schulreform, um Mädchen zu Undiszipliniertheit, Eigenständigkeit und Widerspenstigkeit zu ermutigen.[90] Hierbei handelt es sich anscheinend um die erstrebenswerten neuen Werte für Mädchen, die bei Jungen aber abgewertet und sanktioniert werden sollen.

Das männliche Stereotyp hat in Deutschland eine deutliche Entwertung erfahren. Deutsche Kinder im Alter von fünf und acht Jahren hatten mehr stereotype Behauptungen über Frauen und weniger über Männer zur Verfügung als in anderen Ländern der Untersuchung (Frankreich, Italien, Norwegen, Holland und USA), [91] woraus man durchaus schließen könnte, ihnen sei kein inhaltlich ausgefülltes, positives Männerbild im Unterschied zum Frauenbild vermittelt worden.

Beispielsweise wurde ein Merkmal wie "abenteuerlustig", das von Kindern in allen Vergleichsländern als typisch männlich gesehen wurde, von deutschen Kindern den Männern überhaupt nicht zugeschrieben.
Hagemann-White erwähnt zwar, laut empirischer Studien[92] seien Mädchen im Vorschulalter nicht nur stolz und froh, Mädchen zu sein, sondern sähen sogar ihr eigenes Geschlecht positiver als die Jungen. Doch sogleich ergänzt sie, "so sind diese Mädchen dennoch dabei, das kulturelle System der Zweigeschlechtlichkeit zu

begreifen, das ihnen eine rein negative Bestimmung ihres Geschlechts vermittelt … ."

Weiterhin meint sie, Mädchen hätten es bei der Suche nach ihrem eigenen Lebensentwurf sehr schwer. Wolle das Mädchen weg von seiner Hausfrauenrolle und selbst einen Beruf ausüben, um selbständig zu sein, müsse es einen hohen Preis dafür zahlen: "Sie wird als unweiblich und unnatürlich gesehen, muss vielleicht auf Familie verzichten und – sobald sie die ständig sinkende Altersschwelle überschreitet, nach der Frauen als nicht mehr interessant gelten – mit Einsamkeit rechnen. Für das Arbeitermädchen ist zudem ersichtlich, dass ihr Verdienst, selbst wenn sie allein bliebe, nicht einmal materiellen Komfort erbringen würde."[93]

- Erstens wird in der heutigen Zeit die Berufstätigkeit der Frau und ihre damit angeblich immer einhergehende Selbständigkeit und Unabhängigkeit eher als erstrebenswert dargestellt.
- Zweitens haben auch Männer mit zunehmendem Alter immer weniger Chancen, eine Partnerin zu finden.
- Drittens haben auch männliche Arbeiter, selbst wenn sie alleine bleiben, keinen materiellen Komfort zu erwarten.
- Viertens wäre dieser Komfort noch geringer, wenn sie Familie haben wollten, da sie in ihrer traditionellen Rolle als Ernährer auch die Familie mitversorgen müssten. Dies ist aber keine eingeschränkte männliche Lebensperspektive, sondern die Normalität. Frauen haben hier sogar noch die Möglichkeit, zwischen der Lebensperspektive "Hausfrau und Mutter" oder "Berufstätige" zu wählen, während der Mann auf jeden Fall einen Beruf ergreifen muss, da seine Rolle es vorsieht, dass er sich selbst versorgt.

Auch die Behauptung, Mädchen würden in unseren Schulen lernen, dass sie zum machtlosen Teil der Gesellschaft gehörten, beispielsweise durch die Erfahrung, Schulleiter seien häufiger Männer als Frauen, scheint zweifelhaft. Schülerinnen und Schüler erfahren in der Schule Macht in erster Linie von den Lehrkräften aufgrund deren Rolle als Bewerter und Benoter, durch deren Befehlsgewalt generell. Und diese Rolle haben gerade in den die Persönlichkeit prägenden Grundschuljahren vorwiegend die Frauen inne.[94]

Katrin Müller-Waldes im Februar 2005 erschienenes Buch "Warum Jungen nicht mehr lesen und wie wir das ändern können" stellt die feministische Mädchenbenachteiligungs-Ideologie auf den Kopf. Sie fordert, bei der Leseförderung die Interessen von Jungen stärker zu berücksichtigen und schildert weibliche Reaktionen darauf wie: "Das kann nicht sein!" oder "Ich will nicht, dass das wahr ist."[95]

Müller-Walde führt aus, dass einzelne Gruppen (z.B. der Verein MANNdat, Elterninitiativen) bereits immer wieder versucht hatten, auf die Benachteiligung von Jungen aufmerksam zu machen (z.B. Petitionen an den Bundestag im Jahr 2004) – jedoch mit mäßigem Erfolg.

MANNdat veröffentlichte im Juni 2006 eine Studie, die aufzeigte, dass die Bildungsministerien der Länder die Interessen von Jungen weiterhin vernachlässigten.[96]

Eine Thematisierung der jungenspezifischen Leseproblematik würde nur in 10 von 16 Ministerien gefordert, spezifische Jungenleseprojekte gäbe es nur in 2 Bundesländern. Auch der stetig sinkende Männeranteil bei den Lehrern wäre kein Thema (Stand 2014). Bis zum Jahr 2006 gab es einen "Girls' day", aber keinen "Boys'day".[97]

1.3. Biologie: Die feministische Sichtweise der biologischen Geschlechterdifferenz

Wenn es nur um die rohe Kraft ginge, so die Zeitschrift PM PERSPEKTIVE in ihrem Sonderheft *Mann und Frau*,[98] wäre der Mann biologischer Sieger. Aber was seien schon Muskeln! Biologisch gesehen sei die Frau stärker, denn sie sei widerstandsfähiger und lebe länger. Laut neuester Gen-Forschung sei der Mensch genetisch betrachtet als Frau konzipiert.[99] Der Mann, so meint der Anthropologe Prof. Heinz Knussmann, sei nur ein Ableger der Frau, eine menschliche Sonderform, den die Frau sich als Luxus leiste. Die Frau sei stärker, der Mann viel wehleidiger als das angeblich so "schwache Geschlecht"; bereits bei einer läppischen Blutentnahme kippe er um.[100]

Der Humangenetiker Professor Gerhard Jörgensen aus Göttingen behauptet: "Adam sei eine verstümmelte Eva".[101]

Auch der Verfasser des Artikels "Zur Biologie der Geschlechter", Fritz Dohm, kommt zu dem Schluss, Frauen seien, biologisch gesehen, einfach stabiler und deshalb in Wahrheit das stärkere Geschlecht.

Feministinnen, wie z.B. Christa Mulack, vertreten die Auffassung, als Junge auf die Welt zu kommen bedeute eine biologische Benachteiligung, der, aufgrund falscher Bewertung, eine soziale Bevorzugung gegenüberstehe.[102]
Sie sieht die Höherwertigkeit der Frau als biologisch determiniert an, versucht diese mit vielen positiven – ihrer Ansicht nach typisch weiblichen – Eigenschaften zu belegen und fordert, all jenen "humanen, typisch weiblichen Eigenschaften, durch die Frauen sich von der allzu häufigen Grobschlächtigkeit und Brutalität der Männer absetzen",[103] wie Mitgefühl, Verstehen, Zuwendung, Geduld, müsse absolute Priorität zukommen.
Außerdem müssten sie für das männliche Geschlecht Vorbildcharakter haben.[104]
Der Mann müsse vom weiblichen Geschlecht lernen "sich einzuüben in dessen Denk- und Wertemuster, in weibliche Reaktions- und Verhaltensweisen."[105]
Frau Lange-Ernst vertritt ebenfalls diese Position. Schon im Klappentext ihres Buches "Frau, du bist besser!" wird darauf hingewiesen, dass die Frau eine durchweg bessere genetische Grundausstattung besitzt als der Mann.[106]

Frauen können – wenn sie über unmittelbare Macht verfügen – jedoch genauso aggressiv und gewalttätig sein wie Männer in vergleichbaren Situationen. Beschäftigt man sich beispielsweise mit den von Frauen begangenen Greueltaten in der NS-Zeit, so kann man nicht länger, wie Frau Mulack, davon ausgehen, Gewalttätigkeit und Grausamkeit seien grundsätzlich männerspezifische Verhaltensweisen, die an das Geschlecht gebunden sind.
Es muss vielmehr angenommen werden, neben den individuellen Voraussetzungen, die jeder Mensch mitbringt, sei die soziale Rolle und das damit verbundene Maß an verfügbarer Macht ausschlaggebend.[107]
Um die Höherwertigkeit der Frau zu manifestieren, stellt Frau Mulack im Verlauf ihres Buches eine Fülle von männerabwertenden bzw. frauenverherrlichenden Klischees auf, wie z.B.:

- "Nur für Männer stellen Verletzungen anderer ein legitimes Verhalten dar, nicht jedoch für Frauen"
- "Das Patriarchat in der uns bekannten Form setzte sich nicht durch, weil es die besseren Antworten auf das Leben hatte, sondern weil es in seiner Brutalität nicht zu überbieten war"

- "... den männlichen Prioritätsanspruch in Frage zu stellen und als... Kompensation seiner anthropologischen Zweitrangigkeit zu entlarven, die wir endlich zur Kenntnis nehmen müssen"; " … den emotionalen Analphabetismus des Mannes ..."
- " … da die Frauen … wie auch in den Köpfen der meisten Männer heute noch als Menschen zweiter Klasse betrachtet und behandelt werden ..."
- " ... sollen weibliche Energien primär der Regeneration des Ehemannes dienen ..."
- " ... um eine dekadente Männerwirtschaft und -politik zu sanieren ..."
- "Weiblichkeit als … Magd der Herren, aber auch als Putz- und Entseuchungsmittel"
- " ... Einsicht in das erschreckende Ausmaß männlicher Ungerechtigkeit..." " ... typisch männlicher Egoismus, aber auch sexuelle Gewalt und Rücksichtslosigkeit ..."
- "Das typisch männliche Imponiergehabe suchen wir bei ihnen (den Frauen) vergebens"
- " ... die weltweite Misere als Ausdruck männlichen ...Verhaltens ..."
- " … Frauen als sensibler, intuitiver, ganzheitlicher, da weniger verdrängend, und selbstkritischer – also insgesamt dem Leben zugewandter"
- " … rücksichtsvoller, kooperations- und hilfsbereiter, verantwortungsbewusster, liebevoller; mit anderen Worten weniger egoistisch als Männer"
- "Auch Massenproduktion und Überbevölkerung können berechtigterweise als vom Männlichkeitswahn hervorgebrachte Phänomene betrachtet werden"

Nach Auffassung von Erika Wisselinck sei es kein Manko, dass weiblichem Denken das Prädikat logisch verweigert werde, "wenn logisch denken, wie die patriarchale Praxis zeigt, in letzter Konsequenz heißt, die Erde in ihren Untergang zu treiben und alles tödlich enden zu lassen" ... "Auf der Grundlage eines patriarchalischen Unrechtsystems, das Männer qua Geschlecht bevorzugt und überbewertet... ."[108]

Die Schwäche des männlichen Geschlechts wird mit dem größeren Anteil an männlichen Fehlgeburten und der größeren männlichen Sterblichkeitsrate direkt nach der Geburt und in allen weiteren Lebensabschnitten begründet.[109] Männer seien insgesamt anfälliger für alle Krankheiten, mit Ausnahme von Krankheiten, die die funktionalen Systeme der Fortpflanzung betreffen. Sie sterben häufiger an Asthma und Bronchitis, kardiovaskulären Krankheiten und Leberzirrhosen, zu hohem Blutdruck, Lungenentzündungen und Tuberkulose.[110]

Auch die höhere Lebenserwartung von Frauen wird ausschließlich mit der stärkeren weiblichen Konstitution begründet. Eine angenommene biologische Höherwertigkeit der Frau allein kann jedoch nicht die *unterschiedlich stark ansteigende* Lebenserwartung von Männern und Frauen erklären.

Überlebte die deutsche Frau bis zum Jahre 1950 den Mann durchschnittlich um zwei Jahre, so waren es 1970 im statistischen Mittel bereits fünf Jahre. Heute leben Frauen acht Jahre länger als Männer.[111]

Es liegt der Schluss nahe, dass für die gegenüber dem Mann überproportional ansteigende Lebenserwartung der Frau eine unterschiedliche Stressbelastung der Geschlechter verantwortlich ist.

Der Psychologe Martin Seligmann nimmt beispielsweise an, Gefühle des Ausgeliefertseins, übermächtige Anstrengungen und Sorgen wirkten lebenskürzend.[112]

Wenn ein längeres Leben tatsächlich Rückschlüsse auf die Stressbelastung im Leben zulässt, sind Männer demnach durch die Erwartungen, die ihre derzeitige Rolle an sie stellt, höheren Stressfaktoren ausgesetzt als die Frau. Es sollten zumindest auch andere mögliche Ursachen für die höhere weibliche Lebenserwartung diskutiert werden, anstatt die Biologie als alleinige Erklärung anzunehmen, um damit die These der weiblichen Höherwertigkeit zu manifestieren.

Die angesprochene biologische Dominanz der Frau würde dann auf sozialer Ebene in ihr genaues Gegenteil verkehrt und erkläre den Mann zum primären Geschlecht, was Frau Mulack als "patriarchalische Fehleinschätzung" bezeichnet.[113]

Sie nimmt an, der Junge habe bereits ein patriarchalisches Weltbild, welches ihm seine eigene Höherwertigkeit und Stärke vermittle. Die aus dem Identitätsbruch mit der Mutter resultierenden Probleme kompensiere er mit Frauenfeindlichkeit und Überheblichkeit. Seinen Gebärneid kompensiere er mit Prioritäts- und Allmachtsphantasien, welche wiederum ein typisch männliches Problem hervorbrächten, nämlich die gestörte Wahrnehmungsfähigkeit, insbesondere im Bereich zwischenmenschlicher Beziehungen.

Mulack nennt es eine "typische Männerkrankheit", die eigene Meinung mit der objektiven Wirklichkeit zu verwechseln.[114]
Gefühlsbetontheit und Einfühlungsvermögen seien hingegen positive Eigenschaften der Frau, die angeblich dem Mann generell fehlten ("Emotionaler Analphabetismus"). Der Mann mache all diese positiven weiblichen Fähigkeiten der Frau lächerlich.[115]

Das Gegenteil ist der Fall. Inzwischen wird in den Medien die größere Einfühlsamkeit und Sensibilität der Frau als eine Tugend dargestellt, die der defizitäre Mann auch erlernen soll. Der Mann wird zwar so erzogen, dass er keine Gefühle zeigen darf, soll jedoch als Erwachsener vor allem gegenüber der Frau schon sensibel und einfühlsam sein und Gefühle zeigen.
Zeigt er allerdings Schwäche in der Öffentlichkeit, so macht man sich meist darüber lustig, weil dies nicht dem männlichen Rollenstereotyp entspricht. Vom Mann wird somit oft ein an sich schizophrenes Gefühlsleben erwartet, dem er natürlich nicht gerecht werden kann.

Dem Weiblichen zugeordnete Eigenschaften wie Passivität, Fügsamkeit und Emotionalität bezeichnet Mulack als patriarchale Klischees, die Männer entworfen hätten, um alles, was sie für minderwertig hielten, den Frauen zuschreiben zu können. Sie stimmt Luce Irigaray zu, die behauptet, die Worte Frau und weiblich, wie sie in unserer Kultur gebraucht würden, beinhalteten eine Subordination der Frau.[116]
Realität ist vielmehr, dass die Worte Frau und weiblich heutzutage einen höheren Stellenwert haben und in positiven Kontexten benutzt werden (siehe Kapitel *Zeitschriften/Zeitungen*).

Frau Mulack kommt zu dem Schluss, die Entwertung des Mannes sei heute ein historisches Faktum[117] und habe nichts mit feministischer Männerfeindlichkeit zu tun, "sondern mit bewusster Wahrnehmung dessen, was ist",[118] nämlich der biologisch determinierten Höherwertigkeit der Frau. Auch einige andere Forscher sprächen bereits vom Mann als dem schwächeren Geschlecht.[119]
Thürmer Rohr spricht von der Entwertung des Mannes als einem notwendigen "Bewusstseins- und Erkenntnisakt auf Seiten der Frauen."[120] Eine Umkehrung der Probleme, also männliche Unterdrückung und weibliche "Selbst-Herrlichkeit" sei nicht zu befürchten, da Frauen anders mit Macht umgingen, sie nicht um ihrer selbst willen anstrebten und insgesamt lebensfreundlichere Ziele verfolgten.[121]

Um einen deutlichen Männerüberschuss in bestimmten (vor allem prestigeträchtigen) Berufsfeldern auszugleichen, setzen Feministinnen seit Jahren Quotenregelungen durch, fordern eine bessere Vereinbarkeit von Kindern und Beruf, Elternzeit auch für Väter und Werbekampagnen bei denen Schülerinnen an männerdominierte Berufe herangeführt werden (siehe Kapitel *Die Macht der Frau in der Politik*).
Pinker meint, dass diese Versuche aufgrund der biologischen Unterschiede zwischen den Geschlechtern scheitern oder nur geringen Erfolg haben werden.[122]
Die von Feministinnen mit der männlichen Machtstellung in der Gesellschaft und günstigeren Sozialisation der Jungen begründete Divergenz zwischen weiblicher und männlicher Berufswahl erklärt Pinker vielmehr folgendermaßen: Das männliche Geschlechtshormon Testosteron bewirke bei Jungen und Männern, dass sie Freude an Wetteifer und Konkurrenz empfänden. Da sie einen natürlichen Drang hätten, sich ständig beweisen zu müssen, lernten sie, auch ihre Schwächen zu nutzen und in Stärken zu wandeln.
Bei Frauen hingegen sei das Hirn aufgrund des Hormons Oxytozin auf Einfühlung und Harmonie gepolt. Sie scheuten daher eher Konkurrenz und anstrengende Karrieren.[123]
Pinker kommt zu dem Schluss, dass Frauen und Männer auf Grundlage ihrer biologischen Verfasstheit wesentlich verschieden seien. Frauen wollten nicht das Gleiche wie Männer, weder im Beruf noch im Leben. Sie erklärt es daher für vergeudete Mühe, Frauen anzutreiben, es Männern gleichzutun, und Gleichberechtigung anhand der Anzahl weiblicher Führungspersonen messen zu wollen und fordert, die geschlechtsspezifischen Unterschiede endlich zu akzeptieren.[124]

1.4. Resumee

Untersuchungen zu den Geschlechterunterschieden in wichtigen Bereichen des kognitiven Funktionierens – allgemeine Intelligenz, sprachliche und rechnerische Fähigkeiten, räumliches Vorstellungsvermögen, Problemlösungen, schulische Leistungen – geben keine zwingenden Hinweise auf die Notwendigkeit einer unterschiedlichen Behandlung von Mädchen und Jungen im Unterricht oder Anlass zu unterschiedlichen Leistungserwartungen aufgrund des Geschlechts.
In nahezu allen Fällen, in denen Unterschiede vorhanden sind, scheinen sie auf die Wirkung von Rollenerwartungen der Gesellschaft zurückzuführen zu sein,

wenngleich Stafford weiterhin annimmt, die Unterschiede im räumlichen Vorstellungsvermögen hätten eine genetische Komponente.[125]

Persönlichkeitsvariablen weisen hingegen beträchtliche Geschlechterunterschiede auf. Mit Ausnahme der Aggression können die meisten über die Verschiedenartigkeit der Sozialisationsprozesse erklärt werden, denen Jungen und Mädchen ausgesetzt sind.

Bezüglich der Ursachen der größeren männlichen Aggressivität und den damit in Zusammenhang stehenden Verhaltensweisen vertritt Roger Brown die Position, diese Aggression sei biologisch determiniert.[126]

Maccoby stellte die interessante Hypothese auf, der Zusammenhang zwischen Persönlichkeit und intellektuellen Leistungen sähe je nach Geschlecht verschieden aus. Hieraus würden sich auch Konsequenzen für die schulische Praxis ergeben, die hier jedoch nicht weiter erläutert werden sollen.[127]

Die Ausbildung von Geschlechterrollenstereotypen an Schulen und in den Familien wird besonders von feministisch orientierten Autorinnen kritisiert. Sie stelle eine Benachteiligung der Mädchen dar.

Bei einer solchen Sichtweise wird die Verantwortung der Frau im "Erziehungsmatriarchat" nicht kritisch beleuchtet. Weiterhin wird eine eventuelle Benachteiligung der Jungen erst gar nicht zum Gegenstand wissenschaftlicher Untersuchungen oder Überlegungen gemacht.

Auf diese Weise bestärkt man das Klischee, Jungen seien durch ihr auffälliges und dominantes Verhalten stets im Vorteil, und Mädchen würden folglich benachteiligt.

Untersuchungen zu den Vorteilen reiner Mädchen- und Jungenschulen können keine generellen Vorteile der Geschlechtertrennung im Unterricht bestätigen.[128] Die polarisierende Wirkung der Koedukation wird bestätigt.[129] Jedoch sind Jungen hiervon genauso betroffen wie Mädchen. Die von ihnen erwartete Rolle des starken Mannes ist für sie problematisch.[130]

Schnack/Neutzling [131] weisen auf den Mangel an wissenschaftlichen Untersuchungen zur Problematik der Sozialisation der Jungen und deren

Auswirkung hin. Diese drückt sich beispielsweise aus in dem erschreckend hohen Jungenanteil bei psychischen und psychosomatischen Störungen[132] und einer dreimal so hohen Selbstmordrate.

Biologische Unterschiede gibt es zwar, sie sind aber nicht ausreichend, um die später so unterschiedlichen Lebensorientierungen von Männern und Frauen zu erklären.

Einige feministische Autorinnen, wie z.B. Christa Mulack,[133] sind der Auffassung, der Mann sei biologisch minderwertig und würde nur aufgrund "patriarchalischer Fehleinschätzung" zum primären Geschlecht erklärt.
Insgesamt zeigt sich bei feministischen Autorinnen eine Tendenz der Idealisierung des Weiblichen bei gleichzeitiger Abwertung des Männlichen, je nach Position biologisch oder sozialisationsbedingt begründet.

Es wird mit Pauschalurteilen und groben Verallgemeinerungen gearbeitet, die Einzelfälle zu allgemeingültigen Aussagen werden lassen.

Die Autorinnen bedienen sich hierbei nicht selten eines Klischeedenkens, das sie andererseits in Bezug auf ihr eigenes Geschlecht kritisieren.
Die Voreingenommenheit und Parteilichkeit dieser Wissenschaftlichkeit wird offenkundig. Viel zu oft werden gezielt nur solche Untersuchungen zitiert, die die gewünschten Ergebnisse bestätigen. Wissenschaft wird angewandt, um entweder das Weibliche als unterdrückt und benachteiligt darzustellen, oder aber als das bessere Geschlecht.

"Dabei können sie", wie Anja Meulenbelt[134] feststellt, "mit Simone de Beauvoir ganz einer Meinung sein, dass Frauen nicht geboren, sondern gemacht werden. Aber Männer? Männer sind nun einmal so" (siehe Kapitel *Feministische Doppelmoral*).

Der Trend der Idealisierung des weiblichen Geschlechts und der ihm zugeschriebenen Eigenschaften, und der gleichzeitigen Abwertung des Männlichen, findet sich auch in den öffentlichen Bildern der Massenmedien wieder (siehe Kapitel *Darstellung von Mann und Frau in den Medien*).

Aktuelle Aussagen von Pinker (2008) deuten die biologisch oder sozialisationsbedingten Unterschiede von Mann und Frau weder als

Unterdrückung noch als Höherwertigkeit der Frau, sondern lediglich als Verschiedenheit, die dann auch zu andersartigen Entscheidungen führte was die Lebensentwürfe betreffe.[135]

2. Die Diskriminierung des Mannes in Medien und Politik Wie es zu einer Idealisierung und Bevorzugung der Frau kommen kann

2.1. Die Macht der Frau als Konsumentin

Helmut-Maria Glogger weist in seinem 1992 erschienenen Buch "Der sprachlose Mann" darauf hin, dass 54% der Bevölkerung, 74,5% der Buchkäufer und 68,2% der Kinobesucher weiblich seien, und 65,8 % aller Zeitungen und Zeitschriften von Frauen gekauft würden.
Frauen bestimmten überwiegend den Inhalt der Werbung, denn sie entschieden zu 63%, welches Auto gekauft würde und zu 65%, welcher Ferienort gebucht würde. Rund 19% mehr Frauen als Männer säßen – besonders tagsüber – vor dem Fernsehgerät.[136] Auch zeige sich bei Frauen – im Vergleich zu Männern – eine überdurchschnittliche Nutzung von Literatur aus dem Bereich "Unterhaltung" (70% Frauen, 59% Männer) und "Illustrierten/Zeitschriften/Nachrichtenmagazinen" (Frauen 65%, Männer 46%).[137] Eine Werbeanalyse des Allensbacher Instituts zum Buchkauf im Jahr 1993 bestätigte ebenfalls die Frau als Hauptkonsumentin.[138]

Laut Statistik des Börsenvereins nutzten auch im Jahr 2013 45 % der Frauen, aber nur 30% der Männer täglich oder mehrmals in der Woche ein Buch. Insgesamt kauften 66% aller Frauen Bücher und stellen damit nach wie vor die wichtigste Käufergruppe im Buchhandel (Männer 52 %).[139]
Im Jahr 2013 gingen wie in den Vorjahren mehr Frauen (53%) als Männer (47%) in deutsche Kinos. Die Verteilung blieb stabil.[140]

Selbst Volkshochschulen stellen sich besonders auf die Bedürfnisse der Frau ein oder heben diese hervor. Die Volkshochschule Rodgau hat eine gesonderte Frauenbroschüre innerhalb des eigentlichen Programmheftes Frühjahr 1995 herausgebracht, in der alle Themen, die die Frau betreffen, bzw. Kurse, die *nur für Frauen wählbar* sind, vorgestellt werden. Dieser Sonderteil – unübersehbar durch die ins Auge fallende grüne Farbe – ist in der Mitte des Programmheftes platziert. Frauenthemen oder spezielle Kurse nur für die Frau scheinen von besonderer Wichtigkeit zu sein, um erstens angeboten und zweitens *separat herausgestellt* werden zu müssen.

Frauen stellen demnach in vielen Konsumbereichen die Hauptzielgruppe dar. Dementsprechend finden besonders *ihre* Interessen und Bedürfnisse in der Medienlandschaft Berücksichtigung, wie die folgenden Beispiele zeigen sollen.

2.1.1. Fernsehen

Fernsehredaktionen haben erkannt, dass auch hier die Hauptkonsumenten Frauen sind. Überwiegend Männer sind ganztägig berufstätig und somit morgens und nachmittags nicht zuhause.

Also konzipiert man immer mehr Frauenmagazine, Talkshows und TV-Serien, die – teilweise täglich gesendet – die Probleme und Bedürfnisse der Frau thematisieren und dabei häufig unbemerkt den gängigen feministischen Tenor mit einfließen lassen. Beispiele aus dem Jahr 1995:

Frauen! (SAT 1, täglich um 10.00 Uhr, außer am Wochenende) *Mona Lisa* (sonntags um 18.00 Uhr im ZDF, Wiederholung montags in ARD und ZDF und mittwochs in 3 SAT) *Reich und schön* (RTL, täglich um 10.00 Uhr und um 18.00 Uhr) *Zeit der Sehnsucht* (RTL 10.30 Uhr). In SAT 1 gibt es täglich einen regelrechten morgendlichen Frauenblock: 9.30 Uhr: *Gut drauf*; 10.00 Uhr: Frauen!; 11.30 Uhr: Wege der Liebe. 3 SAT zeigt 14-tägig donnerstags um 17.15 Uhr *Frauengeschichten, Frauenfragen* bzw. *Frauenprofile* und monatlich mittwochs um 21.15 Uhr *Nova*, ein politisches Magazin von Frauen. Eine Spielfilmreihe mit dem Motto "Starke Frauen" im Abendprogramm des ZDF (meist samstags und montags). Viele Talkshows, wie z.B. *Ilona Christen* (in RTL, täglich um 15.00 Uhr, außer am Wochenende und – vor allem – *Hans Meiser* (in RTL, täglich um 16.00 Uhr, außer am Wochenende) sind in der Auswahl und dem Umgang mit ihren Themen auffällig frauenorientiert.

Beispiele 2014: *Frauenblock* auf RTL täglich um 8.30 Uhr und 19.40 Uhr *Gute Zeiten – Schlechte Zeiten*, ARD täglich *Rote Rosen* um 9:05 Uhr, anschließend *Sturm der Liebe* um 9:55 Uhr und 15:10 Uhr (später am Vormittag noch wiederholt in Regionalprogrammen), TELE 5: *Reich und schön* 3 Sendungen hintereinander 13:40 Uhr/14:10 Uhr/14:40 Uhr.

Der Sender VOX zeigt täglich um 15 Uhr die überaus beliebte Sendung *Shopping Queen*, samstags dann einen regelrechten "*Shopping-Queen*-Block", wo alle unter der Woche ausgestrahlten Sendungen wiederholt werden und zwar von 13 Uhr bis 18 Uhr.

Seit Mai 2010 kann man sich beim Frauen-TV-Sender SIXX von morgens bis abends Herzschmerz und Soaps, Kochsendungen und Oprah-Winfrey-Shows anschauen. Beispiele für frauenaffine Serien:
Anna und die Liebe, Beauty and the Beast, Sex and the City, Mein perfektes Hochzeitskleid, Die perfekte Hochzeit, Curvy Girls, Gossip girl, Ally Mc Beal. Sozialkritische und wirtschaftliche Themen sind kaum vorhanden, Nachrichten und Sportsendungen fallen weg.
Nach einem Jahr wird resümiert, das Werbekonzept des Senders ginge auf und habe namhafte Unternehmen, u.a. aus den Branchen Fashion und Kosmetik, überzeugt. Der Spartenkanal sei die optimale Bühne für Marken mit weiblichem Publikum.[141] Der Sender spreche eine Frauengeneration an, die nicht nur vielseitig interessiert und gebildet, sondern auch kaufkräftig sei.[142]
Für den 15. – 20. September 2014 werden die "SIXX-Shopping-Days" angekündigt unter dem Motto: Mädels, shoppt euch voll!", wo man nach Erwerb einer Shopping-Card Rabatte für namhafte Markenlabels erhalten kann.
Seit April 2014 gibt es einen weiteren Frauen-TV-Sender namens TLC.

2.1.2. Werbung

Als Zielgruppe der Werbebranche hat die Hauptkonsumentin *Frau* absolute Priorität, beispielsweise setzt sich die "Coca Cola light-Initiative 2014" speziell für die Herzgesundheit von Frauen ein.
Der Trend der Negativdarstellung des Mannes zeigt sich in der Werbung ebenfalls und wird ausführlich dargestellt in den Kapiteln *Darstellung von Mann und Frau in den Medien* und *Die Diskriminierung der männlichen Sexualität.*

2.1.3. Zeitschriften

Das Konzept von Frauenzeitschriften wie BILD DER FRAU, BRIGITTE, FREUNDIN, aber auch von Illustrierten wie BUNTE und DAS GOLDENE BLATT, ist seit vielen Jahren erfolgreich. Glogger tituliert diese Zeitschriften als "frauenbewegte, mittelschichtspezifische Magazine, die voll und ganz auf die Bedürfnisse der Frauen zugeschnitten sind" (siehe Kapitel *Die Diskriminierung des Mannes in Zeitschriften, vor allem in Frauenzeitschriften*).
Der sich immer mehr verbreitende männerkritisierende und -diskriminierende Trend in Frauenzeitschriften, wie ihn beispielsweise die folgende Abbildung aufzeigt, wirkt sich jedoch nicht negativ auf deren Beliebtheit aus.

Mögliche Auswirkungen eines männerfeindlichen Tenors in Frauenzeitschriften

Der Vorsitzende des Bundesverbandes Deutscher Buch-Zeitungs- und Zeitschriften-Grossisten, Eberhard Nolte, teilte im September 1994 mit, dass selbst Klassiker wie BRIGITTE, FREUNDIN und FÜR SIE weiter auf Erfolgskurs seien.[143] Marktanalysen aus dem Jahr 2007 über den Markenwert verschiedener Frauenzeitschriften bestätigen das.[144]

Willy Schalk, Ex-Chef des Werbegiganten BBDO prophezeit: "Die Frau wird künftig sicherlich zu einem noch weit wichtigeren Werbeträger als der Mann, denn für den Mann ist heute die Frau der Sympathieträger, nicht der erfolgreich Artgenosse."[145]
Als Konsequenz hat sich ein frauenorientierter Journalismus etabliert, der entweder die Belange der Frau in den Vordergrund stellt, oder aber ursprünglich allgemeine Themen frauenspezifisch beleuchtet, um die Frau als Konsumentin gezielt anzusprechen.
In der Zeitschrift FREUNDIN wird über eine Umfrage aus dem Jahr 1992 unter der Überschrift "*Der Staat tut zu wenig für Frauen*" berichtet, der Staat tue zu wenig gegen die Wohnungsnot, gegen die steigenden Benzinpreise, für die Förderung von Wohneigentum, die Aidsforschung, die Umweltpolitik, alternative Energieversorgung, das Verkehrsnetz, etc.
In diesem Artikel werden allgemeine Themen frauenspezifisch aufgerüstet. Am Ende erfährt die Leserin warum: "... im Herbst 1994 können knapp 30 Millionen Frauen wählen. Sie sind kritisch, engagiert, wollen Verbesserungen auf der ganzen Linie, die FREUNDIN-Politikumfrage beweist es."

2.2. Die Macht der Frau in der Politik

2.2.1. Die Macht der Frau als Wählerin oder Inhaberin politischer Ämter

Mit der zunehmenden Feminisierung in den Medien und im Alltag wächst auch der politische Druck, erstens inhaltlich besonders auf die Belange der Frau einzugehen, und zweitens Quoten für die weibliche Besetzung in bestimmten Berufszweigen sowie in politischen Ämtern innerhalb einer Partei einzuführen.
Aufgrund dessen finden immer mehr feministische Denkanstöße Eingang in Parteien, Wirtschaft, Gesetze, Behörden, Schulen, Universitäten sowie in das Sozial- und Kulturwesen. Beispiele:

Die Rheinische Post berichtete am 14.9.1985:

"Durch sozialdemokratische Aktivitäten wurde die CDU in Zugzwang gebracht; gegen die Gleichstellungsstellen zu votieren, können wir uns als Partei nicht leisten. Wir müssen am Hebel bleiben."

Dreieichspiegel vom 16.9.93 "Eiszeit für Frauen"

In dem Artikel geht es um Kürzungen bei der Förderung der beruflichen Umschulung und Fortbildung. Frauen seien besonders betroffen, da sie "nach einer mehr oder weniger langen Familienpause auf eine Neuqualifizierung oder Umschulung angewiesen seien ... ."

Ist es nicht vielmehr so, dass vor allem der Mann in unserer Gesellschaft nach seiner Leistung, sprich in besonderem Maße nach seiner Arbeit bewertet wird und sich durch sie definiert? Arbeitslosigkeit bedroht nicht nur seine Existenzgrundlage, seinen Status in der Gesellschaft, seine Position als Ernährer in der Familie sowie seine Chancen bei Frauen allgemein (siehe auch Kapitel *Entwicklung von Geschlechterrollenstereotypen).*

OP vom 18.6.93 "Arbeitsmarkt für Frauen günstiger"

Der Artikel verweist hinsichtlich der geförderten Maßnahmen zur beruflichen Wiedereingliederung auf einen besonders hohen Frauenanteil. Frauen sind demnach besonders gefördert worden, was mit einem gewissen Stolz, für die Belange der Frau eingetreten zu sein, zugegeben wird:" ... dass Frauenbelange der Arbeitsverwaltung ein besonderes Anliegen sind, wird auch daraus ersichtlich, dass es im Arbeitsamt Offenbach seit 1986 eine Frauenbeauftragte gibt... ."

Es wird festgestellt, dass sich der Frauenarbeitsmarkt hinsichtlich Beschäftigung und Arbeitslosigkeit – gemessen an der jeweiligen Gesamttendenz – vergleichsweise günstig entwickelt. "Demnach profitieren", so Dr. Klaas (damaliger Direktor des Arbeitsamtes Offenbach), "weibliche Berufstätige besonders davon, dass sie überwiegend im wachstumsorientierten Dienstleistungssektor einer Erwerbstätigkeit nachgehen."

Es wird weiterhin berichtet "dass die Zahl der arbeitslosen Frauen während der zwei Jahre zu Ende Mai mit 38 % deutlich verhaltener wuchs, als die Gesamtheit aller Arbeitslosen mit 54%." Das bedeutet – was unerwähnt bleibt – mehr Männer als Frauen verloren ihren Arbeitsplatz und waren somit stärker von den negativen Folgen der Arbeitsmarktentwicklung betroffen.

Mit Bedauern nahm man im Jahr 1993 die Nachricht zur Kenntnis, dass im Baugewerbe "so viele Entlassungen wie seit Jahren nicht mehr" zu verzeichnen seien.[146]

Entlassungen im Baugewerbe betreffen überwiegend Männer.

Sollen jedoch Erzieherinnenstellen in Frankfurt abgebaut werden, so spricht man von einem "Angriff auf die gleichberechtigte Berufstätigkeit von Frauen in Frankfurt" und fordert, es dürfe "nicht auf Kosten der Frauenemanzipation gespart werden."[147]

Bericht aus der OP vom 9.9.93 "Zur *Gleichberechtigung in Hessen per Gesetz*"

Der von Hessens Frauenministerin Ilse Stiewitt (SPD) vorgelegte Entwurf eines Gleichberechtigungsgesetzes (für die öffentliche Verwaltung) wurde im September 1993 vom Kabinett einstimmig verabschiedet und kurz darauf im Landtag in erster Lesung beraten.
Das am 1. Januar 1994 in Kraft getretene Gesetz "soll Frauen und Männern den gleichen Zugang zu öffentlichen Ämtern ermöglichen und die Diskriminierung von Frauen abbauen ... Als Mindestanforderung an Frauenförderpläne gilt, dass dort, wo Frauen unterrepräsentiert sind, jeweils ***mehr als die Hälfte*** der zu besetzenden Stellen an Frauen vergeben werden müssen" (in §5 Absatz 4; Anm. der Autorin). Der Abschnitt 2 des Gesetzes (§4 – §12) dient ausschließlich zur Regelung der "Frauenförderung".
Das hessische Gleichberechtigungsgesetz führte zu einer Frauenbevorzugung und damit zu einer Männerbenachteiligung. Hierzu zwei Beispiele:

OP vom 7.9.94 "Kreis bevorzugt Frauen"

"Frauen haben bei Beförderungen im Landratsamt Darmstadt/Dieburg in den kommenden sechs Jahren die besseren Chancen. Im gehobenen Dienst sind für sie 12 von 15 frei werdenden Stellen reserviert, bei höher dotierten Posten 11 von 16."

Außerdem sollen mindestens acht weibliche Verwaltungsangestellte eine Zusatzausbildung erhalten. Um den Unterricht besuchen zu können, werden für 200.000 DM Aushilfskräfte eingestellt.

OP vom 12.5.94: "Für frauenfreundliche Firmenpolitik geehrt"

Ein vom Land Hessen mit 22.000 DM dotierter Preis für den frauenfreundlichsten Betrieb. In dem Kosmetikunternehmen, welches den Preis gewonnen hat, sind von den rund 500 Mitarbeitern 2/3 weiblich, Vorarbeiterstellen fast ausschließlich mit Frauen besetzt. Mit diesem Preis wolle die Landesregierung hessische Unternehmen auffordern, beim Personalmanagement Frauen stärker zu fördern, berichtet die OP. Je mehr Frauen bevorzugt sind, desto frauenfreundlicher? Ist dieser Betrieb männerfeindlich, weil Männer eindeutig in der Unterzahl sind?

Die OP vom 28.10.94 Rodgau-Rödermark-Teil

berichtet, bei der Besetzung von drei Beamtenstellen müssten automatisch zwei davon für Frauen reserviert werden, selbst höher qualifizierte Männer hätten das Nachsehen.
Am Schluss des genannten Artikels erfährt der Leser, dass es nicht nur mehr Männer in den Spitzenpositionen gibt, sondern auch mehr einfache Arbeiter. 12 von 54 Leuten des Reinigungspersonals seien weiblich (demnach 32 männlich). Die weiblichen Verwaltungsangestellten repräsentierten 73%, worüber man sich nicht beklagt. Auffällig ist, dass die Forderung nach einer Frauenquote meistens in den von Frauen unterrepräsentierten Berufszweigen laut wird, in denen Arbeit entsprechend anerkannt ist, ein gewisses Maß an Selbstverwirklichung bzw. persönlicher Freiheit verspricht, oder an sich Spaß macht.
Sollte die Quote im Sinne der Gleichberechtigung nicht ebenfalls dafür sorgen müssen, dass genauso viele Frauen wie Männer Mülltonnen ausleeren oder Toiletten sauber machen *dürfen*?
Doch in Berufszweigen wie Müllabfuhr, Straßenbau, Bergbau, Kanalarbeiten oder Schlachthof wird über die mangelnde Frauenrepräsentanz hinweggesehen.
In den von Frauen überrepräsentierten Bereichen wie Kindergarten, Grundschule u.a. müssten demnach Männerförderpläne eingeführt werden, um wenigstens die Hälfte der Stellen mit Männern besetzen zu können.

Die langjährige Benachteiligung von Frauen rechtfertigt angeblich diese kompensatorischen Maßnahmen, die eindeutig gegen den Gleichheitsgrundsatz verstoßen. Dabei geht es immer nur um die Bereiche, in denen Frauen benachteiligt sind.
Die feministische Taktik liegt darin, die Tatsache auszunutzen, dass Forderungen bis hin zu Bevorzugungen heutzutage immer noch mit einer Benachteiligung der Frau aufgrund ihres Geschlechts begründet werden können, also ein gewisses Schuldgefühl hervorrufen, an das Gewissen appellieren und somit in der Gesellschaft – und vor allem auch beim Mann – häufig Verständnis und Mitgefühl auslösen.
Dieser Schuldgefühlfaktor und die Macht der Frau als Hauptkonsumentin und Hauptwählergruppe könnten möglicherweise die Gründe dafür sein, dass gar nicht erst in Erwägung gezogen wird (bzw. es vielleicht auch gar nicht gewünscht ist, in

Erwägung gezogen zu werden), die unterschiedliche Verteilung in bestimmten Berufsfeldern könne auch andere Ursachen haben (siehe Kapitel *Biologie*; vgl. Susan Pinker, 2008), und dass es auch Bereiche männlicher Benachteiligung geben könne.

Unverständlicherweise gibt es kaum Proteste gegensolch offensichtliche Ungerechtigkeit per Gesetz. Daher kommt man um gewisse unbequeme Fragen nicht herum: Wie können selbstbewusste, emanzipierte Frauen ruhigen Gewissens hinter dieser Art von Forderungen ihrer Geschlechtsgenossinnen stehen oder sie auch nur still zur Kenntnis nehmen? Wo ist die Männerbewegung, die gegen solche frauenbevorzugenden Gesetzesregelungen laut aufbegehrt oder warum findet sie kein Gehör? Wie kommt es überhaupt, dass derlei Gesetzeseingaben eine Mehrheit finden können?
Bereits am 29.9.1990 hatte die damalige Frauendezernentin Margarete Nimsch von den GRÜNEN zusammen mit Prof. Dr. Ute Gerhard von der Johann Wolfgang Goethe Universität in Frankfurt/Main einen Versuch unternommen, die Frauenbevorzugung im Grundgesetz zu verankern.
Auf dem Kongress "Frauen für eine neue Verfassung" in der Paulskirche forderten sie die *verbindlich festgeschriebene Frauenförderung im Grundgesetz*, weswegen sie eine Änderung des Artikel 3 Absatz 2 wie folgt vorschlugen:"... Die gleichberechtigte Partizipation der Frau ist insbesondere durch Quotierung und andere geeignete Maßnahmen herzustellen."
In Artikel 5 soll das Recht der freien Meinungsäußerung dort eingegrenzt werden, "wo *die Würde der Frau* verletzt wird."
Artikel 28 Absatz 1 fordert: "Frauen können die Durchführung von Volksentscheiden und Referenden *ausschließlich für Frauen* beantragen." Wer aber Volksentscheide von Frauen für Frauen fordert, tut das wohl kaum mit dem Ziel der Gleichberechtigung.
Empfohlen wurde ebenso die Änderung von Artikel 38: Die Bundestagsabgeordneten "müssen *mindestens* zur Hälfte Frauen sein."[148]

Auch die SPD forderte in ihrem "Grundsatzpapier zur Verfassung des deutschen Staates", in Artikel 3 Absatz 2 besonders die Belange der Frau zu fördern. Es sei Aufgabe des Staates, "durch die Schaffung geeigneter Rahmenbedingungen auf die *tatsächliche Gleichstellung der Frau* hinzuwirken."
Die damalige hessische Ministerin und Rechtsprofessorin Heide Pfarr erläuterte auf dem Internationalen Frauentag "Maßstäbe einer Verfassung für Frauen" am

8.3.1991, es ginge darum, zu verhindern, dass der Artikel 3 einer Quotenregelung oder anderweitigen Frauenförderung entgegen stünde.

Schon damals weist Felix Stern auf die Gefahren einer solchen Grundgesetzveränderung hin: Sie sei erstens schwer wieder rückgängig zu machen und zweitens zeitlich nicht einmal begrenzt, und könne somit Parlamenten Tür und Tor für männerdiskriminierende Verordnungen öffnen.[149]

Die vehement eingeforderte gezielte Förderung der Frau in der Arbeitswelt, in der Politik, sowie in vielen anderen gesellschaftlichen Bereichen, hat schließlich 1994 ihren Ausdruck in einer Grundgesetzänderung gefunden.
Der neue Artikel 3 Absatz 2, heißt nun: *Frauen und Männer sind gleichberechtigt. Der Staat fördert die tatsächliche Gleichberechtigung von Frauen und Männern und wirkt auf die Beseitigung bestehender Nachteile hin.*

Hier wird von der Beseitigung bestehender Nachteile *von Mann und Frau* gesprochen, praktiziert wird meist aber lediglich die Beseitigung von Nachteilen, die die Frau betreffen.
Es kann jedoch nicht Ziel sein, die Frauenrechtsaspekte aus den Menschenrechten als besonders förderungswürdig herauszuheben und Sonderrechte für Frauen einzufordern, die über eine Gleichbehandlung der Geschlechter hinausgehen, denn dies bedeutet gleichzeitig, Jungen und Männer seien weniger wert und dürften berechtigterweise ausgegrenzt werden. Frauenpolitik muss zuerst ideologie-neutral werden, um nicht Frauenbevorzugungs- und damit Männerbenachteiligungspolitik zu sein (siehe Kapitel *Schlusswort und Ausblick*).

Das *BUNDESMINISTERIUM FÜR ARBEIT UND SOZIALORDNUNG und die BUNDESANSTALT FÜR ARBEIT* werben im Frühjahr 1995 in verschiedenen Zeitschriften: "Wer Langzeitarbeitslose einstellt, kriegt keine halben Sachen." Im darunter folgenden Text wird dazu aufgefordert: "*Stellen Sie verstärkt Frauen ein.*"

Wie die *Frankfurter Rundschau* bereits 1990 unter der Überschrift "Goethe-Universität will Benachteiligung von Frauen abbauen" berichtete, sollen nun gemäß Förderplan Frauen bei *hinreichender* Eignung *bevorzugt eingestellt* werden, und zwar in allen Bereichen, in denen Frauen unterrepräsentiert seien. Falls sich für solche Stellen keine Bewerberinnen meldeten, *solle gezielt nach Frauen gesucht werden.*[150]

Der Konvent der Universität Frankfurt beauftragte zur Umsetzung der Ziele eine Kommission mit der Erstellung eines Frauenförderplanes. Der Frauenförderplan, zu dessen Einhaltung sich die Universität dann per Konventbeschluss vom 8.02.1995 verpflichtet hatte, sah die bewusste Begünstigung weiblicher Beschäftigter bei Einstellungs- und Berufungsverfahren sowie durch gezielte Fortbildungsveranstaltungen vor. Der Frauenrat war an der inhaltlichen Ausarbeitung des Gesetzes (HGIG) maßgeblich beteiligt und wachte über dessen Einhaltung: "In Bereichen, in denen Frauen unterrepräsentiert sind, werden bei gleichwertiger Qualifikation Frauen bei der Besetzung von höherwertigeren Stellen solange bevorzugt, bis ihr Anteil 50 % der jeweiligen Qualifikationsstufe beträgt."
Die Frauenkommission schlug weiterhin eine Studienberatung speziell für Frauen vor. Frauenförderung solle bereits im ersten Semester beginnen. Die Laufzeit eines Frauenförderplans beträgt maximal 6 Jahre.

Auch fast 20 Jahre später wird immer noch versucht, über Quoten den Anteil an Professorinnen "angemessen" zu erhöhen (Professorinnenprogramm).

Die ZEIT 13/2014: "Frauen in der Wissenschaft – Wo sind sie bloß?"

Es wird berichtet, die Politik mache Druck, viele Wissenschaftsministerinnen forderten Professorinnen. Berufungskommissionen seien angehalten, international nach qualifizierten Frauen Ausschau zu halten. Kandidatinnen würden sogar besonders berücksichtigt (also bevorzugt; Anm. der Autorin). Es sei jedoch schwer, welche zu finden.
Die stark naturwissenschaftlich ausgerichtete Max-Planck-Gesellschaft hat ihr Ziel, den Professorinnenanteil auf 30 % zu steigern, verfehlt.
Ferdi Schüth, Vizepräsident der Deutschen Forschungsgemeinschaft (DFG) begleitet die Umsetzung der Gleichstellungsstandards – ein Katalog von Leitlinien, mit dem sich das deutsche Wirtschaftssystem zu mehr Frauenförderung verpflichtet hat und beschreibt das Problem: "Hier herrscht derzeit ein dramatischer Wettbewerb. Wenn eine Universität eine gute Frau findet, reißen sich gleich alle um sie." Paradoxerweise sei die Berufung einer Professorin schlicht daran gescheitert, "dass ihrem Mann keine adäquate Stelle in der Nähe vermittelt werden konnte" (vgl. Kapitel *Aktuelle Entwicklung*).

Bereits in den 90er Jahren begannen sich, aufgrund der zunehmenden weiblichen Besetzung wissenschaftlicher Ämter, auch mehr und mehr frauenspezifische Lerninhalte in den einzelnen Fachbereichen an Universitäten zu implantieren (heute unter dem Begriff Gender-Studies geführt), deren Inhalte, wie ich aus eigener Erfahrung als Teilnehmerin bestätigen kann, häufig *einseitig feministisch geprägt* waren. Hierzu Beispiele aus damaligen Vorlesungsverzeichnissen.

Sommersemester 1993

Fachbereich 3:

Feministische Staatstheorie
Frauenbewegung und feministische Theorien in Frankreich und Italien
Feministische Stadt- und Regionalforschung
Frauenbewegung und Gegen-/Öffentlichkeit
Frauenforschung in Spanien: neue empirische Arbeiten und Forschungskonzepte
Männer und Frauen – Gewalt und Frieden
Frauenförderung und Entwicklungspolitik

Fachbereich 4:

"Den Frauen ein Vorbild geben" – ausgewählte Biographien deutscher Pädagoginnen/Lehrerinnen des 19. Jahrhunderts
Frauenforschungswerkstatt
Frauen-Literatur-Erwachsenenbildung

Fachbereich 10:

Öffentlichkeit und Seelenwelt. Deutsche Essays im 20 Jahrhundert von Frauen
Literatur und Weiblichkeit
Frauen im englischen Bürgerkrieg

Vorlesungsverzeichnis Wintersemester 1993/94

Fachbereich 3:

Zur Struktur der Frauenerwerbsarbeit/-arbeitslosigkeit
Feminismus und Recht
Frauenbild und Frauenpolitik im Nationalsozialismus und im Faschismus
Frauenarbeit und betriebliche Frauenförderung
Frauenförderung in der Entwicklungspolitik

Fachbereich 4:

Frauenarbeit, Frauengesundheit und Sucht
Mädchen/- und Medienperspektive einer feministischen Mädchenpädagogik

Fachbereich 9:

Auswirkungen des Generationswechsels auf die berufliche Situation von Frauen im ländlichen Raum

Für das Sommersemester 1995 erschien ein separates *Frauenvorlesungsverzeichnis*. Darin wurden 72 Veranstaltungen vorgestellt, wonach – laut Seminarausschreibung – entweder bei allgemeinen Themen, wie z.B. die Soziologie des Wohnens, die frauenspezifische Seite besondere Berücksichtigung fand, oder frauenspezifische Inhalte *an sich* Seminarinhalt waren.

Beschreibung eines studentischen Frauentutoriums des Fachbereichs 4 an der Uni Frankfurt im Wintersemester 1994/1995, an dem keine männlichen Studenten teilnehmen durften: "In dem Tutorium haben wir die Möglichkeit, selbstbestimmt unseren Interessen nachzugehen und uns gemeinsam mit frauenbezogenen Themen zu beschäftigen." Mögliche Inhalte: Frau an der Uni, Frau und Schule, Frau und Politik, Frau und Macht, Beziehungsmuster, Frauenforschung in der Pädagogik.

In meiner wissenschaftlichen Hausarbeit verlieh ich daraufhin meinen Befürchtungen Ausdruck: Setze sich diese Entwicklung fort, so werde es vielleicht bald möglich sein, als Frau beispielsweise ein Lehramtsstudium zu absolvieren, indem man sich fast ausschließlich mit dem weiblichen Geschlecht und dessen spezifischen Problemen beschäftige. Zudem könnten nicht-feministisch gesinnte Studentinnen Nachteile haben, wenn ihre Gesinnung offenkundig würde, etwa bei Nichtanwendung des "feministischen Schreibstils", beim Äußern themenspezifischer Kritik an Frauen oder Hinweisen auf Bereiche von Männerbenachteiligung.

Beispiele für die Einführung feministischer Denkanstöße durch Inhaberinnen öffentlicher Ämter:

Der Artikel aus der OP vom 27./28.3.93 "Wenn etwas passiert, sieht keiner hin"

ist Indiz für eine oftmals übertriebene feministische Propaganda gegen die angeblich überall gegenwärtige Bedrohung durch Männer.
Ute Hünlein von der feministischen Organisation von Planerinnen und Architektinnen (FOPA) in Frankfurt glaubte, auch die Rodgauer Frauen davon überzeugen zu müssen, wie gefährlich doch ihre Wohngebiete seien und dass stadtplanerisch etwas dagegen getan werden müsse.
Durch mehrere Vorankündigungen in verschiedenen regionalen Zeitungen und Plakaten in der Umgebung wollte man Frauen auf die Problematik aufmerksam machen und lud zu einem entsprechenden Gesprächsabend ein.
Über die Veranstaltung berichtete anschließend die OP mit der Überschrift: "Wenn etwas passiert, sieht keiner hin. Auch nachts wollen Frauen auf der Straße sicher sein. Neue Ansätze für Stadtplanung". Ein Großbild eines fast leeren Raumes mit nur acht anwesenden weiblichen Gästen zeigt die geringe Resonanz. Dazu die OP: "Entweder leben unsere Frauen durch alle Generationen angstfreier oder das eigene Auto bietet bei abendlichen Veranstaltungen und auf den entsprechenden Heimwegen den nötigen Schutz vor gewalttätigen Übergriffen."
Frau Hünlein selbst zieht nicht in Erwägung, die geringe Beteiligung könne auch ein Indiz dafür sein, dass sich Frauen in der Region nicht in der suggerierten Art und Weise bedroht fühlten.

Zudem ist Angst vor Gewalt auf der Straße kein frauenspezifisches Problem. Die Statistik des Instituts für Demoskopie Allensbach (1993) über die wachsende Kriminalität belegt vielmehr: Entgegen gängiger Meinung sind weitaus mehr Männer Opfer von Verbrechen als Frauen.[151] Demnach wäre es wünschenswert gewesen, zu dem oben skizzierten Gesprächsabend auch Männer einzuladen.

Frankfurter Rundschau vom 23.4.93: "Gut finden oder ein Chauvi sein"

Stadträtin Margarethe Nimsch behauptet, die Tatsache, dass so viele Politiker für das vom Frauendezernat aufgestellte Gutachten über die "Geschlechtsspezifische Nutzung der Grünflächen am Main" nur abfällige Bemerkungen übrig hätten, sei zu begründen mit dem subtilen männlichen Machtmechanismus, mit dem diese gegen politisch agierende Frauen kämpften. Sie schlussfolgert, "die Umsetzung

mancher frauenpolitischer Forderungen bedrohe die Männer bewusst oder unbewusst offensichtlich sehr."
"Wofür geben Männer Geld aus, wovon Frauen überhaupt nichts haben?" fragt sie. Wie schon aus dieser Überschrift hervorgeht: Befindet man das o.g. Gutachten nicht für gut, so ist *Mann* ein Chauvi, der Frauen unterdrückt, nicht zu Wort kommen lassen will und nur seine eigenen, männlichen Interessen durchsetzt.

Mangelnde Gleichberechtigung in der Sprache soll folgendermaßen abgebaut werden:

Mainecho vom 12.11.94

Die Debatte um den Frauenförderplan der Gemeinde Großkrotzenburg 1993 wurde bereits die Hauptsatzung derart verändert, dass bei Formulierungen grundsätzlich nur die weibliche Form benutzt wird; also beispielsweise nicht *der Bürgermeister*, sondern *die Bürgermeisterin*, nicht *der*, sondern *die* Vorsitzende, um in einem Nachsatz der Hauptsatzung – gleiches gelte in der männlichen Form – auch den Männern Rechnung zu tragen.

Spiegel online vom 4.6.2013
Sprachreform an der Uni Leipzig: Guten Tag, Herr Professorin

Nach 600 Jahren Männerdominanz schwenke die Uni Leipzig radikal und setze in ihrer Grundordnung nur noch auf weibliche Bezeichnungen. Der Titel *Professorinnen* gelte künftig auch für die Männer. "Jetzt läuft das mal andersherum", freut sich eine Befürworterin im Hochschulmagazin.

OP vom 8.12.94

Die 34000-Einwohnerstadt Buchholz hat mit klarer Mehrheit durch alle Fraktionen eine Änderung der Hauptsatzung beschlossen. Ab sofort dürfen nur noch weibliche Funktionsbezeichnungen verwendet werden.
Ursprünglich sollten zuerst beide Geschlechter benannt werden. Derlei Schreibweisen seien aber zu umständlich, so dass man sich für die rein weibliche Form entschloss.

Der 'Zwang' zu frauenfreundlicher Politik kann etwa solche Dimensionen annehmen:
Mangels finanzieller Mittel musste 1990 in Wiesbaden die Abteilung "Berufsvorbereitung für benachteiligte Jugendliche" schließen und mussten ältere Menschen auf ein Seniorenbüro verzichten. Das neue Frauenkommunikationszentrum (KOMZ) hingegen konnte eröffnet werden.

Frankfurts GRÜNE forderten 1988 ein 32-Millionen-Programm, um die Stadt frauenfreundlicher zu machen. "Damit sei zwar noch nicht das Patriarchat abgeschafft...", *bewusste Bevorzugungen von Frauen seien jedoch unumgänglich*, "da Männer nicht freiwillig auf ihre Privilegien verzichten." Dem weiblichen Teil der Bevölkerung solle die Arbeit erleichtert werden, "damit Kräfte frei werden, sich mehr Rechte zu erkämpfen" hieß es auf der Pressekonferenz.[152]

2.2.2. Die Einführung einer Quote innerhalb der Parteien als Beweis der Frauenfreundlichkeit

Eine Wahlanalyse nach den Landtagswahlen 1985 in Nordrhein-Westfalen ergab, dass die CDU besonders bei Frauen und Jungwählern Stimmen verloren hatte.[153] Daraufhin stellte die Partei im März 1986 einen "Leitfaden zur Errichtung kommunaler Stellen für Frauenfragen" vor, um SPD und GRÜNEN in Sachen Frauenfreundlichkeit nicht mehr nachzustehen.
1986 war es erklärtes Ziel der SPD, den Anteil von Frauen an Mandaten, Ämtern und Funktionen in der Partei so zu steigern, dass er in naher Zukunft deren Bevölkerungsanteil entspräche.
Da der Anteil der weiblichen Bevölkerung höher liegt als der männliche, hätte dies eine Überrepräsentanz der Frau in politischen Ämtern nicht etwa aufgrund größeren Engagements, sondern lediglich aufgrund ihres Geschlechts bedeutet.
Auf ihrem Parteitag 1990 beschloss die SPD dann, eine etappenweise Anhebung des Frauenanteils auf 40% festzulegen.

Auch Angela Merkel bedauerte die "mangelnde Wirksamkeit der Quotenregelung".[154] Von den 68 CDU-Abgeordneten, die über Landeslisten in den Bundestag kamen, seien nur 16 Frauen.

- Werden Frauen dadurch diskriminiert, dass sie bei freien Wahlen nicht ausreichend gewählt werden, nicht einmal von Frauen selbst?
- Wo liegen die Gründe, dass sich nicht *mehr* Frauen um eine solche Kandidatur bewerben?
- Es erscheint zudem unverständlich, dass aus wesentlich weniger weiblichen Bewerbern eine viel höhere Anzahl nominiert wird, als aus der wesentlich höheren Anzahl der männlichen Bewerber, nur, um einer weiblichen Quote gerecht zu werden.

Bei einer weiblichen Unterrepräsentation, so die Zeitschrift STERN, dürfe deshalb nicht vorschnell von einer Benachteiligung der Frau gesprochen werden, ohne andere Gründe in Erwägung zu ziehen, wie zum Beispiel ein geringeres Interesse an politischem Engagement, bzw. mangelnder Mut, Verantwortung zu tragen.[155]

OP vom 4.3.93 "Nur 24% Frauen"

"... liegt der Anteil weiblicher Kandidaten mit knapp 24% nur um einen Prozentpunkt höher als bei den letzten Kreistagswahlen."

Da bei Wahlen jeder engagierte Interessierte kandidieren kann, muss davon ausgegangen werden, dass sich weniger Frauen für ein Amt im Kreistag interessierten als Männer.

Mainecho vom 12.11.94 "Männle will Frauenquote für die CSU"

Die bayerische Bundesratsministerin Ursula Männle forderte eine Quote auf Probe auch für die CSU, denn bei der Schwesterpartei CDU müssten von 1995 an auf Stimmzetteln bei parteiinternen Wahlen (ab Kreisverband) mindestens ein Drittel Frauen angekreuzt werden.

OP vom 15.11.93 "Grüne Frauen in Zukunft automatisch auf Platz 1"

Die Frauen bei den GRÜNEN haben auf Wahllisten Anspruch auf den Spitzenplatz und alle weiteren ungeraden Plätze. Wie die OP weiter berichtet, habe die jeweilige Mehrheit der Frauen auf Bundesversammlungen Vetorecht. Die Frage nach der höheren Qualifikation tritt in den Hintergrund. Frauen stehen allein aufgrund ihres Geschlechts die beschriebenen Positionen zu.

Frauen sollten jedoch nicht darauf bedacht sein, nur aufgrund ihres Geschlechts und ihrer Unterrepräsentanz in politische Ämter gewählt zu werden. Vielmehr sollte stets der am besten geeignete Kandidat gewinnen, ob männlich oder weiblich.
Immer mehr Parteien denken über eine Frauenquote nach, um der Unterrepräsentanz von Frauen entgegenzuwirken. Die Besetzung erfolgt stets paritätisch in Bezug auf das Geschlecht, auch wenn sich wesentlich mehr qualifizierte Männer als qualifizierte Frauen für ein Amt bewerben.

Frauen müssen sich, genau wie Männer, mit Niederlagen auseinandersetzen, und dafür auch andere Gründe in Betracht ziehen als ihr Geschlecht, beispielsweise ihre Qualifikation oder Reputation, oder dass ihre politischen Ziele weniger Anklang finden. Beispiel:

OP vom 4.3.93 "Bei Wahl unterlegen"

"...die 46-jährige Gewerkschaftlerin Christiane Brunner ist bei der Abstimmung gestern im Parlament durchgefallen. Gewählt wurde ihr Parteikollege, der 51-jährige Neuenburger National- und Staatsrat Francis Matthey. Die Sozialdemokraten sprachen von einem Affront gegenüber den Frauen in der Schweiz..."

Die OP vom 20./21.5.93 berichtet:

"43 Ministerinnen in Deutschland an die Macht"
"Das *frauenfreundlichste Kabinett* ist das hessische von SPD – Ministerpräsident Hans Eichel. Es hat seine Regierung mit paritätisch jeweils 5 Männern und Frauen besetzt."

Die CDU orientiert sich hinsichtlich der Repräsentanz ihrer weiblichen Mitglieder an dem Frauenanteil in der Gesamtmitgliedschaft, welcher im Jahre 1990 bei 23% lag.
In ähnlicher Weise hat auch die FDP ihr Ziel formuliert. Nach ihrem 1989 verabschiedeten Frauenförderplan sollte der Frauenanteil innerhalb von fünf Jahren auf 25% angehoben werden. Diese freiwillige Verpflichtung will sie – gleich der CDU/CSU – auf dem Wege einer Selbstkontrolle einlösen.

Bei den GRÜNEN ist die innerparteiliche Parität seit der Existenzgründung durch eindeutige Quotierungsregelungen festgelegt und hat mittlerweile den weiblichen

Mitgliedern zu einer Dominanz in der GRÜNEN-Bundestagsfraktion verholfen. Der Frauenanteil beträgt im Jahr 1995 57,1%.[156]

Die TAZ berichtete am 5.1.1990

die von der CDU regierten Städte und Landkreise in Bayern richteten kommunale Beratungsstellen für Frauen ein.

Der FDP-Chef Klaus Kinkel kündigte vor den 400 Delegierten eines FDP – Frauenkongresses in Mainz an, Gleichberechtigung zum zentralen Thema der Liberalen im "Super-Wahljahr" 1994 zu machen.[157]

Ministerpräsident Hans Eichel wirbt in einer Werbekampagne 1995 für die SPD in Hessen mit dem frauenfreundlichen Slogan: "Gut, wenn in Hessen Frauen weiter Recht behalten. Wie eine Frau in Hessen ihr Leben führt, entscheidet sie am besten selbst ... ."

Das Bundesministerium für Jugend, Familie und Gesundheit in Schleswig – Holstein wurde umbenannt in Bundesministerium für Jugend, Familie, *Frauen* und Gesundheit.
Die SPD schuf ein *Frauen*ministerium und verpflichtete die Kommunen per Gesetz, Frauenbüros einzurichten. Dieses Gesetz kann zu folgenden grotesken Situationen führen: In Bezug auf die Besetzung der Stelle einer zweiten kommunalen Frauenbeauftragten in der Stadt Rodgau schreibt die Offenbach Post:

OP vom 28.10.94

"SPD/GRÜNE bestehen auf eine zweite Frauenbeauftragte"

Es wird berichtet, dass die Stelle öffentlich angeboten werden soll, "nachdem sich auf eine zweimalige Ausschreibung für den Posten niemand beworben hat". Es ist hinzuzufügen, dass die Stelle mit über 4000 DM dotiert ist.

Feministinnen setzen durch öffentliche Steuergelder finanzierte Verwaltungsstellen durch, die sich nur um das Wohlbefinden und die Interessen ihres eigenen Geschlechts bemühen, und es meldet sich niemand. Die Situation wurde auf die Spitze getrieben, indem das Land Hessen trotzdem auf eine Besetzung der Stelle bestand, da sie ja nun gesetzlich vorgeschrieben sei.

Der entscheidende Punkt ist, dass sich frauenfreundliche Politik nicht vorrangig wegen dringender Notwendigkeit durchsetzt, sondern scheinbar vor allem auch aufgrund des Leistungsdrucks und Zugzwangs, frauenpolitische Maßnahmen ergreifen bzw. Frauenfreundlichkeit unter Beweis stellen *zu müssen.*
"Wer sich die Frauenfrage abjagen lässt, dürfte die nächsten Wahlen kaum überstehen, so jedenfalls die übereinstimmende Parteimeinung."[158]

Politik für Frauen ist bereits "ein Muss" in vielen Parteiprogrammen. Da bei den GRÜNEN die Frauen die Mehrheit der Abgeordneten stellen, können sie bei der Hessenwahl 1995 mit dem frauenfreundlichen Slogan aufwarten: "*Andere machen Politik für Frauen. Bei uns machen Frauen Politik.*"
Hier wird allein mit der Tatsache geworben, dass Frauen (und nicht Männer) die Politik der Partei bestimmen.

Zudem ist es bei den GRÜNEN neuerdings auch möglich, im Rahmen von Parteiwerbung die eigenen männlichen Kollegen zu diskreditieren, welche hierzu zuvor auch noch ihre Zustimmung gegeben haben.

Passend zum Weltfrauentag starteten die GRÜNEN im März 2012 eine Kampagne, das "Projekt fifty-fifty", um den Mitgliederanteil von Frauen auf 50% zu erhöhen. Der dazugehörige Slogan der Partei lautete: "Besser DU als irgendein Kerl".

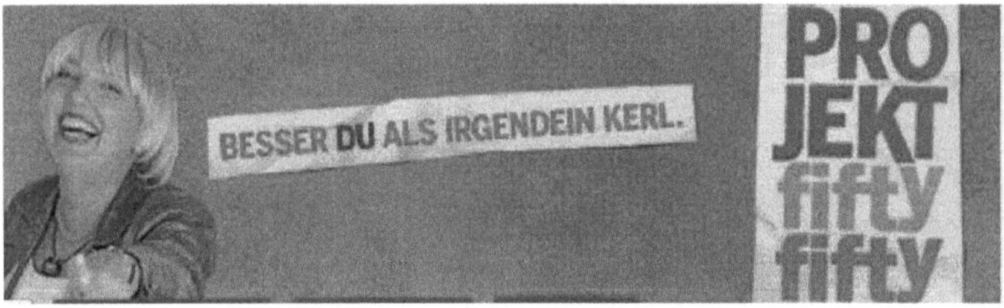

Zwei männliche Spitzenkandidaten der GRÜNEN ließen sich ebenfalls auf den Flyern mit diesem Slogan abbilden, weil – laut Flyer – "das Thema auch unseren Spitzenkandidaten so wichtig ist, dass sie sich dafür gerne selbst auf die Schippe nehmen".
Neben dem Bild von Jürgen Trittin steht: "Wer sägt an Jürgens Stuhl?"; bei Cem Özdemir steht: "Wer lässt Cem alt aussehen?"

Was gibt es Wünschenswerteres für die feministische Front, als Slogans, in denen männliche Spitzenpolitiker an ihrem eigenen Stuhl sägen, um die Ziele der weiblichen Parteimitglieder voranzutreiben.
Treffender Beitrag eines männlichen Users aus dem Netz nach Kenntnisnahme der Slogans: "Am besten halten Männer den Frauenanteil doch hoch, indem sie aus der Partei austreten – oder erst gar nicht eintreten."[159]
Es gab quasi keine nennenswerte Reaktion der Öffentlichkeit auf diese Art von Parteiwerbung. Man stelle sich eine Kampagne vor in einem Bereich, in dem Männer unterrepräsentiert sind (beispielsweise was das Personal in Kindergärten oder Schulen betrifft), die mit dem Slogan wirbt:
"Besser DU als irgendeine Tussi".

2.2.3. Die inhaltliche Feminisierung der Politik

Ausgelöst durch den beschriebenen Druck, in der Politik vor allem auf die Belange der Frau einzugehen, sowie der Tatsache, dass durch die Quotierungsregelung auch die Besetzung politischer Ämter durch Frauen forciert wurde, entwickelte sich ein besorgniserregender Trend: *Die inhaltliche Feminisierung der Politik.*

Er ist dadurch gekennzeichnet, dass erstens viel mehr politisches Engagement für die Belange der Frau als für die des Mannes aufgewendet wird, und zweitens Belange von Bürgerinnen *und* Bürgern nunmehr häufig nur noch als Frauenbelange wahrgenommen, erforscht und gefördert werden, auch wenn beide Geschlechter betroffen sind.

- Die meisten Sozialministerien listen Frauenpolitik auf ihren Homepages als Politikschwerpunkt auf – kein einziges Ministerium listet Männerpolitik auf
- In Rheinland-Pfalz sind Frauen- und Bildungsministerium unter einem Dach vereint und Genderpolitik ist ausschließlich im Resort Frauen aufgeführt
- In Sachsen-Anhalt und Bremen werden als geschlechtsspezifische Gleichstellungsmaßnahmen trotz der schlechteren Bildungssituation von Jungen ausschließlich Frauen- und Mädchenprojekte aufgeführt[160]
- Das Bundesbildungsministerium listet unter dem Titel Gender-Mainstreaming *ausschließlich Frauenprojekte* auf

- Es erscheint nicht gerecht, die von öffentlicher Hand finanzierten sogenannten Gender-Studies fast ausschließlich unter feministischer Perspektive durchzuführen. Deren Umsetzung soll bis 2006 bereits 1,1 Milliarden Euro gekostet haben[161]
- Es werden umfangreiche Studien durchgeführt zur häuslichen Gewalt gegen Frauen – was ist mit Gewalt gegen Männern?
- Die sexuelle Diskriminierung von Männern in den Medien sollte genauso dargestellt und scharf kritisiert werden wie Diskriminierung von Frauen (siehe Kapitel *Die Darstellung der Geschlechter in der Medien*)
- An Schulen gibt es mädchenorientierte Initiativen für den Lernbereich Mathematik/Naturwissenschaft. Zur Förderung der Lesekompetenz bei Jungen sind nur sehr selten Maßnahmen vorgesehen
- Es gibt den Frauengesundheitsbericht, aber bis 2013 gab es keinen Männergesundheitsbericht
- Es gibt Frauenärzte, aber keine Männerärzte
- Es gibt Frauengesundheitszentren, aber keine Männergesundheitszentren
- Für die Erforschung vor allem bei Frauen vorkommenden Krebsarten werden weitaus mehr staatliche Mittel ausgegeben als für die Erforschung typisch männlicher Krebsarten[162]
- Trotz allem beschlossen SPD und GRÜNE, die *speziell auf Frauen ausgerichtete Gesundheitsfürsorge* weiter zu fördern.
- "Der Fokus der medizinischen Forschung ist … auf das weibliche Geschlecht konzentriert", kritisiert der Mediziner Siegfried Meryn in seinem Buch "Der Mann 2000"[163]
- Es gibt nur ein staatliches Sozialprogramm für weibliche Obdachlose, obwohl schätzungsweise 90% der Obdachlosen männlich sind
- Eine Studie des BMFSJ zum Thema Migrationskinder aus dem Jahr 2004 beschäftigt sich ausschließlich mit der Situation der weiblichen jugendlichen Migranten
- Zum Welt-AIDS-Tag im November 2004 gab es eine speziell für Frauen angelegte Kampagne der Bundesregierung zur AIDS-Bekämpfung "Frauen, Mädchen, HIV und AIDS". Frauen seien aus biologischen und vielen sozialen Gründen besonders betroffen. Die BZgA klärt hingegen in ihrem Portal auf, dass nur etwa jede fünfte HIV-Infektion bei einer Frau festgestellt wird

- Allgemeine öffentliche Einrichtungen, die Männer nicht nutzen dürfen , und zu denen es auch kein männliches Pendant gibt, z.B. Frauenbibliotheken an Universitäten
- Im Bereich "Rechte für Väter" gibt es noch viele Ungerechtigkeiten, beispielsweise, dass Väter zwar zahlen müssen, die Mütter aber den Umgang sabotieren können

Bereits in der Namensgebung "Bundesministerium für Familie, Senioren, Frauen und Jugend" BMFSJ sind zwar die Frauen, aber nicht die Männer als Zielgruppe ausdrücklich erwähnt.
Auch im Berliner Senat gibt es keine Senatsverwaltung, die Männer in ihrer Bezeichnung erwähnt (im Gegensatz zu Frauen).

Beispielsweise berichtet das *Frauenreferat der Stadt Frankfurt* auf seiner Internetseite im Bereich *Frauengesundheit*: "Frauen sind ganz anders von Gesundheit und Krankheit betroffen als Männer. Sie brauchen eine andere Art von Gesundheitsprävention und -versorgung. ... Das Frauenreferat setzt sich für ein frauengerechtes Gesundheitssystem ein."[164]
Seitlich befinden sich u.a. Links zum Portal der 16 *Frauengesundheitszentren* in Deutschland sowie ein Link zum *Nationalen Netzwerk Frauen und Gesundheit*. Dessen 20-jähriges Jubiläum wird angekündigt – die Fachtagung wird vom Bundesministerium für Familie, Senioren, Frauen und Jugend gefördert.

Der Rückschluss oben genannter Legitimierung einer speziellen Frauengesundheitsförderung "Frauen seien anders betroffen" impliziert aber auch, dass Männer anders betroffen sind. Somit müsste es ebenfalls separate Männergesundheitszentren und ein Netzwerk Männer und Gesundheit geben.
Die Bremische Zentralstelle für die Verwirklichung der Gleichberechtigung der Frau (ZFG) ist eine Landesbehörde, die sich ausschließlich für das verfassungsrechtliche Gebot der Gleichstellung der Frau engagiert, z.B. wenn Frauen sich am Arbeitsplatz diskriminiert fühlen, wenn Frauenförderung in Dienststellen zu wenig berücksichtigt wird oder wenn man sich allgemein gegen die Benachteiligung von Frauen wenden will.

Tatsächlich solle es im Grundgesetz Artikel 3 Absatz 2 aber nicht nur um die Gleichstellung der Frau, sondern auch um die des Mannes gehen.

Die Tatsache, dass es in Deutschland keine politische Institution speziell für Männerfragen gibt, und damit auch weder einen direkten Ansprechpartner noch die Möglichkeit, Männerfragen direkt auf die politische Tagesordnung bringen zu können, birgt indirekt jedoch die Aussage in sich, *Männerbelange gäbe es entweder gar nicht oder sie wären nicht von ausreichend großer Bedeutung.*

Wie auch die Aussage des ehemalige Generalsekretärs der CDU Heiner Geißler in der Polit-Talkshow bei Anne Will bestätigt: "Sexismus gegen Männer? Das ist doch Unsinn! So etwas gibt es nicht!"

In unserem Nachbarland Österreich steht der Umsetzung der Gleichberechtigung von Mann und Frau offensichtlich keine feministische Ideologie dieses Ausmaßes entgegen. Das *BUNDESMINISTERIUM FÜR ARBEIT, SOZIALES UND KONSUMENTENSCHUTZ* weist im Bereich Sozialpolitik selbstverständlicherweise auch einen Resort "Männer" aus und beschreibt dessen Aufgaben folgendermaßen: "Bewusstseinsbildung für eine gleichberechtigte Partnerschaft, aktive Vaterschaft, positive Identitätsbildung von Buben und männlichen Jugendlichen, Männergesundheit, das Auftreten gegen Gewalt von und an Burschen- und Männern, die Weiterentwicklung männlicher Rollenbilder sowie Service für männerspezifische Anliegen sind die Kernthemen einer fortschrittlichen Männerpolitik."[165]

2.3. Auswirkungen des feministischen Weltbildes

2.3.1. Das Feindbild Mann

Immer mehr Feministinnen können in den Medien ihre männerfeindlichen Parolen verbreiten, ohne Konsequenzen befürchten zu müssen.
Beispiel: Im Interview von Stefan Esser mit den Feministinnen Benard/Schlaffer in der Zeitschrift P.M.[166] Auf die Frage, welcher Männertyp gefragt sei, trifft Frau Benard unter anderem folgende Aussagen:

- "Ein Mann, der ganz einfach fair ist im Zusammenleben. Mit dem man reden kann, der nicht gewalttätig ist."
- "Männer wollen wenigstens daheim wichtig und der Chef sein."
- "Die Frau braucht einen netten Mann, der sie verteidigt gegen die vielen bösen Männer."

- "Sie (die Männer) sind ein faules Pack."
- " ... die Männer haben die Familie gehabt, die sie wollten. Und dann haben sie sie zerstört, indem sie fremdgingen."

Die Medien passen sich dem frauenhofierenden und männerdiskriminierenden Trend an, indem sie immer öfter Frauen entweder als Opfer von Männergewalt, oder als emanzipierte Frauen, und Männer als Gewaltausübende, oder aber als "Trottel in allen Lebenslagen" darstellen (Beispiele in Kapitel *Sexualität, Werbung, Feministische Doppelmoral).* Auf diese Weise wird ein "Frau=Opfer und Mann=Täter-Schema" gefestigt, der Mann zum Feind der Frau erklärt, und bestimmte Verhaltensweisen von Frauen werden entschuldigt bzw. legitimiert. Beispiele:

- Eine Mutter tötet ihr Kind = der Mann unterstützte sie nicht, sie war überfordert (siehe Kapitel *Zeitungen*)
- Sie geht fremd = er kann ihr sexuell nichts bieten (siehe Kapitel *Doppelmoral*)
- Er hat oft Lust auf Sex = sie muss ihm zur Verfügung stehen (siehe Kapitel *Sexualität*)
- Sie ist Hausfrau und Mutter = er unterdrückt sie und nimmt sich allein das Recht auf Selbstverwirklichung im Beruf (siehe Kapitel *Eigenverantwortung)* Männer sind im Krieg immer Täter = sie töten Menschen
- Frauen sind Opfer = sie leiden unter der männlichen Gewalt (siehe Kapitel *Krieg*)
- Männer sind Vergewaltiger (siehe Kapitel *Feministische Literatur*)

Feministinnen schüren das negative Bild des Mannes und verbreiten männerfeindliche Parolen, um ihren Männerhass kund zu tun.
Beispiele:

- In öffentlichen Broschüren der Frauengleichstellungsstellen werden Männer pauschal als Gewalttäter diskriminiert: "Frauen in öffentlichen Räumen sind durch männliche Gewalt existentiell bedroht" lehrt die von Steuergeldern finanzierte Broschüre "Mach mich nicht an".[167]
- Plakate wie "Frauen bewaffnet euch" oder Anzeigen wie "...Guillotiniert den Patriarchenschwänzen ihre Koppen" [168] entwürdigen den Mann allgemein in aggressivster Form und stacheln Frauen zu Gewaltanwendung an.

Weitere Zitate, die die radikalfeministische Männerhetze belegen:

- "Wenn ich an all das Unrecht denke, das Männer Frauen antun, dann schäme ich mich fast, dass ich nicht in einem Zustand des ständigen Zorns herumlaufe … ."[169]
- "Die männliche Aggression bringt uns Frauen nichts als Leid und Ärger ein, vermiest uns das ganze Leben, das anders sein könnte. Wir Frauen werden seit Jahrhunderten von Männern verfolgt, wir leben gewissermaßen täglich im Kriegszustand."[170]
- Die feministische Erfolgsautorin Marilyn French reduziert das männliche Sein auf drei Grundbedürfnisse: "Vögeln, Töten und Geld machen." In ihrem Buch kommt sie zu dem Schluss, Männer seien einfach stumpfsinnig ("dull").[171]
- Die im Jahr 2005 verstorbene und in Deutschland von Alice Schwarzer propagierte Feministin Andrea Dworkin beschreibt den Mann als von Natur aus kriegerisch und genetisch grausam, und fordert: "Ich möchte einen Mann zu einer blutigen Masse geprügelt sehen, mit einem hochhackigen Schuh in seinen Mund gerammt wie ein Apfel in dem Maul eines Schweins."[172]
- Frauenvorlesungsverzeichnis der Universität Frankfurt/Main: "Sexuelle Übergriffe sind jedoch Taten von Männern gegen Frauen, sie werden vom *ganz normalen Mann* verübt, sei er uni-fremd, Student oder Professor. Es stimmt eben immer noch: Jeder Mann ist ein potentieller Vergewaltiger".[173]
- Die Professorin und Pionierin der Gender-Studies Sally Miller Gearhart fordert beispielsweise ernsthaft öffentlich: "Jede Kultur muss jetzt Schritte unternehmen, damit die Zukunft weiblich wird" oder "Der Anteil der Männer muss auf etwa 10% der menschlichen Rasse festgeschrieben werden."[174]
- Feministinnen wittern sogar in männlichem Arbeitsstress Frauendiskriminierung. Teilzitat: "... besonders Männer brauchen den Stress und erzeugen ihn meist selbst. Sie sind süchtig nach Geltung und Macht ...".[175] Das Gejammere darüber müssten sich dann die Frauen anhören. Die Kosten der Stress-Sucht trügen deshalb vor allem die Frauen.
- "Zuerst sind sie (die Jungen; Anmerkung der Autorin) noch rührend, mit ihren kleinen kalten Fingern und herzerweichender Bedürftigkeit, dann plötzlich sind sie groß, laut, eingebildet und gefährlich und blicken auf alles herunter, was weiblich ist."[176]
- Die Analytikerin Antoinette Fouque behauptet sogar, es gäbe eigentlich gar keine erwachsenen, reifen, die Welt beherrschenden Männer. "Statt dessen eine

Tyrannei der unüberlegten, willkürlichen, egoistischen, verantwortungslosen und restlos unerwachsenen männlichen Wesen in erwachsenen, oft sogar alten Körpern mit adoleszenten Psychen."[177]

Rodgau-Zeitung vom 24.2.94

"Gewalt gegen Frauen ist überall in der Welt an der Tagesordnung. Allein in Deutschland wurden im vergangenen Jahr 3000 Frauen ermordet. ... In allen sozialen Schichten und zu allen Zeiten wurden und werden Frauen hinter verschlossenen Türen von ihren Lebensgefährten geprügelt, mit Messern und Gegenständen traktiert, verbrannt, Treppen oder Fenster hinabgestürzt, beleidigt und vergewaltigt."

Frauen werden als das erduldende, erleidende Wesen dargestellt, vom bösen Mann gepeinigt. Alle Männer werden pauschal in jeglicher Form negativiert. Es soll nicht behauptet werden, es gäbe keine Vergewaltigung oder Gewalt allgemein von Männern gegenüber Frauen. Jedoch dürfen solche Verallgemeinerungen nicht hingenommen werden, die alle Männer in einen Topf werfen, um das Bild vom bösen Mann zu festigen, vor dem die Frau generell beschützt und gewarnt werden muss.
Durch das früh eingepflanzte Bewusstsein, Träger von Gewalt zu sein, und die mediale Verbreitung feministischen Gedankenguts im Erwachsenenalter, hat der Mann zunehmend Identitätsprobleme [178] (siehe Kapitel *Das Rollendilemma des Mannes*).

Sogar historische Texte und Erzählungen werden – feministisch interpretiert – zum männerdiskriminierenden Medium. Zum Beispiel die feministische Interpretation der Ballade des Romantikers Adelbert von Chamisso.[179]
Kurz zum Inhalt: Kaiser Konrad hatte im Jahr 1140 mit der belagerten und ausgehungerten Stadt Weinsberg einen Vergleich ausgehandelt. Die Männer sollten dem angedrohten Blutgericht nicht entkommen. Dagegen erlaubte er den Frauen, die Stadt zu verlassen und mitzunehmen, was sie tragen konnten und ihnen besonders am Herzen lag. Die Frauen trugen ihre Männer aus der Stadt. Sicher sollte die Geschichte ursprünglich zeigen, wie sehr die Frauen ihre Männer liebten und dass sie ihnen das Wichtigste waren.

Frau Müller-Mees interpretiert die Ballade folgendermaßen:

"Dass sie ihre Männer auf dem Rücken davontragen, ist mehr als eine Frage der Körperkraft. Es zeugt von innerer Stärke. Ist es nicht überaus verdienstvoll, dass sie sich gegen das in ihrer Zeit gängige Männerbild entscheiden? Mannhaft hätte er sterben müssen ... . Doch sie wollten keinen toten Helden, sondern lieber einen lebendigen Feigling, der sich aus der Gefahrenzone transportieren lässt."[180]
Es wird gar nicht weiter nachgefragt, warum die Männer getötet, während die Frauen verschont bleiben sollten.
Sie behauptet, die Vorstellung, dass die Frauen ihre Männer als "das Liebste" davongetragen hätten, könne nur der Phantasie eines Mannes (des Dichters) entspringen. Denn Männer glaubten, sie stünden bedingungslos an erster Stelle in der weiblichen Werteskala.[181]
Zur feministischen Darstellung der Nibelungensage: "Siegfried ist zwar auch nicht der Stärkste und wäre von Brunhild sicherlich besiegt worden, wenn er nicht mit diesen Zaubertricks arbeitete. ... Um starke Frauen unterzukriegen, bei Helden dieser Machart wird es deutlich, arbeiteten Männer offenbar schon zu urgermanischen Zeiten mit unfairen Mitteln. Gunther ist nun dieser Kraftmensch erst Recht nicht. Ein Schlaffi würde man heute sagen."[182]

2.3.2. Der Separatismus als Abgrenzung der weiblichen von den männlichen Lebensbereichen

Das feministische Manifest, vom Bundesfrauenkongress 1972 verabschiedet, begründete den Separatismus (= Frauen organisieren sich separat) u.a. damit, Frauen ständen oft unter dem Druck oder unter der Gewaltandrohung von Männern. Sie bräuchten aufgrund dessen einen Freiraum, um sich entfalten zu können, und "um ihre eigensten Ansprüche – entwickelt aus der Tatsache ihrer besonderen Unterdrückung ... – durchsetzen zu können … ." Diese Ansprüche gingen weiter, als eine formale oder inhaltliche Gleichberechtigung mit Männern anzustreben.[183]

Der heutige Separatismus ist nicht vergleichbar mit den Forderungen der Pionierinnen der Frauenbewegung, die berechtigterweise für eine Gleichwertigkeit von Mann und Frau, Frauenwahlrecht und gesellschaftliche Anerkennung der Frau eintrat.

Sein Ziel ist vielmehr die Durchsetzung weiblicher Machtansprüche und der Aufbau einer separaten Frauenkultur. Hierbei praktizieren diese Frauen das, was sie umgekehrt beim Mann anklagen: Machtstreben und Diskriminierung des anderen Geschlechts: "Wir hassen die männliche Macht und die männliche Art zu denken, weil sie uns Frauen unterdrückt. Wir haben also Männerhass ... ." [184]

Herrad Schenk definiert den Separatismus folgendermaßen: "Der Separatismus ist der Versuch, sich aus allen heterosexuellen Zusammenhängen möglichst weit zurückzuziehen, um sich dem Aufbau einer Frauenkultur zu widmen."[185]

Akribisch wird Belastungsmaterial gesammelt, um die Schutzbedürftigkeit der Frau vor dem Mann zu "beweisen" und folglich männerfreie Zonen zu fordern. Der Mann wird dämonisiert, oftmals derart, dass einige Radikalfeministinnen sogar zum bewaffneten Geschlechterkrieg auffordern, etwa mit Pinkschriften auf schwarzem Plakatgrund wie: "Wütend und entschlossen – Frauen, bewaffnet euch – wir nehmen uns die Waffe, die uns passt!!!"[186]

Ähnliche Plakate fanden sich auch vor den Toiletten in der Universität Frankfurt. Die feministische Liste im Fachbereich 3 forderte: "*Frauen, wehrt euch gegen die alltäglichen Belästigungen durch Männer! Verwandle deine Angst in Wut ! Brülle das Arschloch zusammen!*"

Hier wird der Aufbau eines ausschließlich negativen Männerbildes forciert, nämlich: Alle Männer seien triebhaft und belästigten Frauen.

Die nächste Abbildung zeigt, wie der einst radikalfeministische Tenor nun schon Eingang in die Massenmedien gefunden hat, so dass sich beispielsweise in Frauenzeitschriften, die in jedem Wartezimmer ausliegen, das Bild des Mannes als Frauenbelästiger etablieren konnte.

Frauen werden scheinbar überall von Männern belästigt und bedroht

Auswirkungen des Separatismus auf das tägliche Leben sind etwa folgende:

- Buchläden, die nur Frauen bedienen
- im Buchhandel findet man eine Abteilung Frauenliteratur, jedoch keinen Bereich für Männerliteratur
- Boykottaufrufe, nicht bei Männern zu kaufen und nur Ärztinnen, Masseurinnen usw. aufzusuchen[187]
- Hotels nur für Frauen, in denen Männer an die Rezeption, nicht aber mit aufs Zimmer dürfen (z.B. in Berlin, London, Paris und in Schleswig)
- Frauenabteile in Zügen der DB
- Frauenkneipen
- Frauenreisebüros und Frauenreiseveranstalter

- Feministische Reiseführer
- Seminare, Kongresse, Theatervorstellungen und andere Veranstaltungen nur für Frauen
- Studiengänge nur für Frauen (Bsp. Hochschule Wilhelmshaven, Berliner Hochschule für Technik und Wirtschaft); Hörsäle und Seminarräume sind garantiert männerfreie Zonen – der Studiengang ist inhaltlich gleich
- Computerkurse nur für Frauen
- Parkplätze nur für Frauen
- Initiativen für männerfreie Straßenbahnwagen
- Frauenaltersheime
- Architektinnen-Wettbewerbe, zu denen Männer nicht zugelassen sind
- Frauenkunstpreise: OP vom 21./22.1.95 "Kunstpreis für zwei Frauen" Es gibt den "Sybilla-Merian-Förderpreis" für hessische Künstlerinnen. Die Ministerin für Wissenschaft und Kunst, Evelies Mayer, hat auf die Notwendigkeit aufmerksam gemacht, "Frauen in den bildenden Künsten praktisch und öffentlichkeitswirksam herauszuheben."
- Frauenstädtepartnerschaften
- Arbeitsberatung für sozial benachteiligte Frauen: Ein 220000 DM-Projekt im Raum Offenbach mit dem Namen "Neue Wege für Frauen". Das Projekt wurde initiiert von einer Mitarbeiterin des Referats für Beschäftigungsförderung; sie setzte den Schwerpunkt "Frauen"
- Ein Seminar mit dem Motto "Frieden und Gerechtigkeit" in Zürich, an nur Frauen teilnehmen durften[188]
- Initiativen, die dafür plädieren, dass Verkehrsschilder, auf denen ein Herrenfahrrad abgebildet ist, auszuwechseln sind gegen solche, die ein Damenfahrrad zeigen
- Kommunen, die mittels Steuergeldern prüfen lassen, ob nicht Ampelanlagen, die einen Mann im roten und grünen Fenster zeigen, ersetzt werden sollten, durch eine weibliche Abbildung[189]

Man muss sich fragen, wo diese Entwicklung noch hinführen soll. Vielleicht gibt es bald männerfreie Stadtteile oder Wohnblocks, Krankenhäuser und Bibliotheken (Gibt es nun bereits – Anm. der Autorin), und Schwimmbäder nur für Frauen?

Immer mehr Veranstaltungen werden von Frauen ausschließlich für Frauen organisiert. Es werden Broschüren speziell für Frauen herausgegeben.
Für die vielen Gleichstellungsbüros, die sich nach und nach in jeder Stadt etablieren, und die von Steuergeldern großzügig finanziert werden, ist die Ausgrenzung von Männern etwas völlig Normales, da jene die Frauen in allen Bereichen zu stören scheinen.

Rodgau Post vom 27.10.94

"Info-Abend für Tagesmütter". Es wird zu einer Gemeinschaftsveranstaltung der Frauenbeauftragten und dem Tageselternprojekt eingeladen. Dies gilt jedoch nur für Tagesmütter, sowie Frauen, die an dieser Tätigkeit interessiert sind. Für Männer ist in diesem Tageselternprojekt kein Platz. Wollen Frauen nicht, dass sich Männer an Kinderbetreuung beteiligen? Oder fühlen sie sich etwa von ihnen dominiert, wenn sie teilnehmen würden?

So erklärte mir die Frauenbeauftragte von Mühlheim, Doris Globig, auf meine telefonische Anfrage, warum das ausgeschriebene Alleinerziehenden-Treffen ausschließlich für Frauen sei, obwohl es doch auch Männer in dieser Situation gäbe, die dann mit ähnlichen Problemen zu kämpfen hätten: "Wir haben die Erfahrung gemacht, Frauen hätten Hemmungen, frei zu reden, in Anwesenheit von Männern."

Auf meine Frage, ob es denn auch solche Treffen nur für Männer gäbe, meinte sie ausweichend: "Mir ist das jetzt nicht bekannt, aber es gibt Treffen, in denen Frauen und Männer teilnehmen. Wenn sie Interesse haben, kommen sie doch mal vorbei... ."

Als einfühlsame Frauen müsste sie sich doch fragen, ob es nicht vielleicht auch Männer gibt, die in Anwesenheit von Frauen (die in der Mehrheit sind) nicht frei reden können.

Mit der Begründung, es gäbe viele Kinofilme, die speziell *die weiblichen Menschen dieser Erde ansprächen*, stellt die Internet-Seite frau-kino.de Großkinos vor, die Frauenkinotage anbieten, wie beispielsweise CineStar, CineMaxx und Cineplex. An diesen speziellen Kinotagen, so wird erklärt, "**müssen die Männer deshalb draußen bleiben** (extra fett hervorgehoben) und die Frauen ihren Abend in vollen Zügen genießen lassen."

Dass das Kinopolis dafür wirbt, dass zu den Frauenfilmen auch Männer kommen dürfen, kommentiert frau-kino.de wie folgt: "Dazu sagen wir ganz klar: Besser nicht!"

Zum Schluss wird die Ankündigung mehrerer Kinos, zukünftig auch einen "Männertag" einführen zu wollen, folgendermaßen kommentiert: "Da sich die Männer anscheinend benachteiligt fühlten...".[190]

Das Rodgau-Jügesheimer Kino bot bereits 1995 einen Frauenkinoabend an, an dem sich Frauen, von Männern ungestört, einen Film anschauen konnten.

OP vom 26.5.93

"Vielfalt von Frauen für Frauen – Der erste Veranstaltungskalender für Frauen in Rodgau", Frauenfilmreihe: "Womit habe ich das verdient?" Gesprächsrunde für alleinerziehende Frauen, Frauenfahrradausflug, Vortrag einer Rechtsanwältin zum Ehe- und Familienrecht, Beratung für Alkoholgefährdete und Angehörige mit dem Titel: "Frauen unter sich".

Hinweise auf Notfall-Telefonnummern aus der *Offenbach Post:* Es gibt eine "Selbsthilfe bei Krebs" mit einer weiblichen Ansprechpartnerin und eine "Frauenselbsthilfe bei Krebs", ebenfalls mit einer weiblichen Ansprechpartnerin.

In der Broschüre "Wegweiser für Frauen", initiiert von der Frauenbeauftragten in Offenbach, werden auf 250 Seiten 200 Einrichtungen, Gruppen und Vereine mit Telefonnummern, Öffnungs- und Sprechzeiten usw. vorgestellt. Außerdem enthält die Broschüre eine Aufstellung aller kommunalen Frauenbeauftragten und Gleichstellungsstellen im Kreis Offenbach.

OP vom 24.3.93

Stellenanzeige des Klinikums der J.W. Goethe-Universität. Es werden Krankenschwestern gesucht mit der Überschrift: "Frauen helfen Frauen".

Zeitschrift Uni-Report vom 23.7.93, Ausgabe Nr.8

Überschrift: Frauenparkplätze – Seit Anfang des Jahres 1993 gibt es im Parkhaus 20 Frauenparkplätze

Geplant ist eine ganze Etage mit Frauenparkplätzen. Der Kanzler der Universität, Wolfgang Busch, beklagte, es parkten noch zu viele "Fuzzies" auf den für Frauen vorgesehenen Parkplätzen, aus Bequemlichkeit oder Gedankenlosigkeit. "Tatsache ist", liest man weiter, "dass dieses Verhalten als gegen die Sicherheit der Frauen gerichtet zu werten ist" und somit mehr als inakzeptabel sei.

Freundin 8/94, S.5: Jobberatung extra für Frauen

Ein Verein namens ERGO; Frankfurt/Main, Hauptwache, Steinweg 1

OP vom 4.3.93

Frühstückstreff nur Frauen und: Gesprächsrunde Frauensachen

Die Veranstaltungsreihe mit Fachfrauen steht im Zusammenhang mit der Hörfunkreihe "Frauensachen" des Hessischen Rundfunks.

Bürgerblatt vom 17.3.93 "Freiräume und Angsträume"

"Am Montag den 22.3. veranstalten die Frauen bei den GRÜNEN zum Thema Frauenangsträume...frauenspezifische Interessen berücksichtigt werden müssen, wie die Gestaltung von öffentlichem Freiraum in Rodgau wie Wege, Plätze, Parkanlagen von Frauen wahrgenommen werden und inwieweit bei Stadtplanungen frauenspezifische Interessen berücksichtigt werden bzw. berücksichtigt werden müssen."

Frankfurter Rundschau vom 8.4.93

"Wenn der Bund fürs Leben nicht mehr hält"

Die Frauenbeauftragten geben eine Broschüre für alle Frauen heraus, die sich von ihrem Ehemann trennen wollen mit dem Titel: "Kostenloser Scheidungsratgeber". Als kleiner Tipp ist u.a. zu lesen: "Widerrufen sie rechtzeitig seine Vollmacht über ihr Konto."

Feministische Mädchenarbeit:

Bürgerblatt vom 17.9.94 "Schule aus, was dann?"

Das Jugendbildungswerk des Kreises Offenbach bietet in Zusammenarbeit mit den Jugendzentren usw. sowie der Frauenbeauftragten der Stadt Mühlheim eine Ferienwoche unter dem Motto "Schule aus, was dann?" für Mädchen ab 13 Jahren an. Vor dieser Frage stehen alle Jugendliche einmal ..." Warum gibt es eine Veranstaltung nur für Mädchen, wenn alle Jugendlichen betroffen sind?

Bürgerblatt vom 20.10.93

"Mädchenwochenende '93"

"Wie jedes Jahr fand wieder ein Mädchenwochenende ... statt. ... beschlagnahmten für drei Tage das Jugendhaus und quartierten die Jungs aus. Nun hatten sie endlich ein bisschen mehr Zeit für Gespräche und Mädchenarbeiten. Man musste sich nicht gegenüber irgendwelchen Möchtegerns beweisen."

OP vom 20./21.2.93

"Schnäppchen – Frauenreisen und der Osten"

"Erstmals werden im Zusammenhang mit dem Verein "Mädchen in Fahrt" spezielle Mädchenreisen angeboten. Zielgruppen sind Mädchen im Alter von 6-18 Jahren, die sich allein oder in Gruppen zu Campingreisen mit Reiten, Tenniskursen oder Selbstbehauptungstraining anmelden können."

2.3.3. Das Rollendilemma des Mannes

Mit der feministischen Prägung des Gleichberechtigungsgedankens und deren Umsetzung sind auch die traditionellen Rollenbilder von Mann und Frau mehr und mehr in Frage gestellt worden. Somit gingen viele Werte, die früher in zwischenmenschlichen Beziehungen Halt und Orientierung spendeten, verloren. Diese Entwicklung führt nun zu einer gewissen Orientierungslosigkeit, was den Umgang zwischen Mann und Frau betrifft. Rituale der Begegnung sind in Frage gestellt. Der Mann ist zunehmend verunsichert, wie er sich der Frau gegenüber verhalten soll. Beispiele:

- "Darf ich ihr als Mann den Koffer ins Gepäcknetz heben oder nicht?"
- "Soll ich ihr in den Mantel helfen oder nicht?" Manche Frauen fühlen sich belästigt, wenn man ihnen in den Mantel hilft; andere ärgern sich, wenn man es nicht tut.
- "Soll ich im Restaurant unaufgefordert selbstverständlich die Rechnung bezahlen oder nicht?"

Diese Orientierungslosigkeit wird in der folgenden Abbildung deutlich.

MIST VERDAMMTER! EIN PLATTER!
KANN ICH HELFEN?
OH, DAS WÄRE FURCHTBAR NETT!
SO, DAS HÄTTEN WIR!
FINDEN SIE MICH SCHÖN? FINDEN SIE...
OH, DOCH! SIE SEHEN SEHR GUT AUS! IST MIR GLEICH AUFGEFALLEN, AUCH IHRE SUPER-FIGUR...
...ICH HABE EINE GUTE FIGUR?
AHA! UND DESWEGEN HABEN SIE MIR GEHOLFEN? DER REIFEN WAR IHNEN SCHEISSEGAL. IHNEN GING'S NUR UM'S PIMPERN?!!
GROSSE GÜTE, NEIN! BEWUSST GANZ SICHER NICHT. WOMÖGLICH IM UNTERBEWUSSTSEIN IRGENDWO, AM RANDE...
KEIN MANN WILL DEN MENSCHEN IN MIR, ALLE GIEREN NUR NACH ÄUSSERLICHKEITEN, UND DANN HEISST ES NOCH, DIE BRAUCHT DOCH NUR MIT DEN TITTEN ZU WACKELN, DANN GEHEN ALLE TÜREN AUF!! DAS KOTZT MICH AN!!!

Rollendilemma: Es der Frau Recht zu machen scheint ein aussichtsloses Unterfangen

Gängige Kritikpunkte am Mann als Partner und in der Familie sind beispielsweise: "Er hilft nicht im Haushalt", "er ist nicht einfühlsam", "er denkt nur an seinen Beruf", "er kümmert sich nicht um die Kinder", "er ist als Sexualpartner unbefriedigend".

Die Ernährerrolle wird von der Frau zunehmend idealisiert und als erstrebenswert angesehen, die Hausfrauen- und Mutterrolle diskreditiert. In der folgenden Abbildung kommt dies zum Ausdruck.

Die Frau kritisiert zunehmend die traditionellen Rollenbilder

Dem Mann wird in Partnerschaft und Familie immer noch gerne die Ernährerrolle zugeschrieben, doch zusätzlich soll er an immer mehr Aufgaben beteiligt werden, die vorher allein der Frau zugeschrieben waren, wie Kinderbetreuung und -erziehung und Haushalt.

Besonders junge Männer glauben immer häufiger, Frauen jeden Wunsch von den Augen ablesen zu müssen, um ihnen einen Ausgleich für die überall öffentlich beklagte Unterdrückung und Bedrohung bieten zu können, mit der Folge, dass sie sich zusätzliche Aufgaben von der Frau aufbürden lassen, ohne dass ihre traditionellen Pflichten als Ernährer, Beschützer usw. nennenswert reduziert würden.

In dem Maße, in dem Männern einerseits der Status des Gewaltträgers und Unterdrückers der Frau suggeriert wird, und dieser in den Medien stets präsent ist, und sie andererseits den immer vielfältigeren Rollenerwartungen nicht entsprechen können, wachsen ihre Selbstzweifel.

Diese Selbstzweifel, und die damit einhergehende Unsicherheit in Bezug auf den Wert des eigenen Geschlechts, können sich heute feministisch orientierte Frauen zunutze machen, indem sie die Fehler des männlichen Geschlechts immer wieder aufs Neue thematisieren, somit die Verunsicherung des Mannes bewusst noch weiter forcieren, und aus dieser Position heraus vielerlei Rechte und nicht selten auch Bevorzugungen der Frau durchsetzen können (siehe Kapitel *Die Macht der Frau in der Politik*).

Ein Beispiel für das Rollendilemma des Mannes ist Peter: "Meine erste Frau fand es diskriminierend, in den ersten fünf Lebensjahren unserer Tochter die Rolle der Familienfrau zu übernehmen. Sie zog nach 2 1/2 Jahren aus, die Ehe scheiterte. Meine zweite Lebensgemeinschaft mit einer beruflich sehr engagierten Frau, die eine Familie gründen wollte, scheiterte an meiner lebenserfahrungsgereiften Erkenntnis, ihr im Kindesfall die Familienrolle ersparen zu wollen. Ich hatte nicht kalkuliert, dass ihr innigster Wunsch war, Familienfrau zu werden. Meine dritte Partnerin, mit der ich eine sehr harmonische, kinderlose Ehe führe, findet es immer diskriminierend, wenn ich meine Maßstäbe von Erfolg bei ihr anwenden möchte und sie zu effektiver Erwerbsarbeit animiere. Gleichzeitig habe ich ein schlechtes Gewissen, wenn ich von ihr als Ersatz für den fehlenden Vollzeiterwerb verlange, die Hausarbeit zu machen. Und gleichzeitig befürchte ich, mir in 10

Jahren vorwerfen lassen zu müssen, dass ich sie doch nur unterdrückt hätte und nun schuld sei, dass sie keine Karriere und nur wenig Rentenansprüche erworben hätte."[191]

Auch nach mehreren Jahrzehnten weiblicher Emanzipation bleibt eine Frau, die arbeiten geht, um alleine ihre mehrköpfige Familie zu ernähren, noch immer ein absoluter Ausnahmefall.

Laut einer Studie des Meinungsforschungsinstitut Emnid im Jahr 2003 soll das auch so bleiben. 70% aller Frauen zwischen 14 und 29 Jahren erwarteten von ihrem Partner, dass er in der Lage sein sollte, den Unterhalt für beide zu stemmen. 53% gaben an, für die Partnerschaft komme nur ein erfolgreicher Mann in Frage … .[192]

"Nur wenige Frauen binden sich an einen Mann, der einen geringeren Bildungsgrad hat, ihr also womöglich keine finanzielle Sicherheit bieten kann. Während Männer mit einem höheren Bildungsgrad zu 30% *nach unten heiraten*, tun das nur 9% der Frauen.[193]

Martina Bortolani analysiert in einem auch im Netz veröffentlichten Artikel der SONNTAGSZEITUNG [194], wie sich nach mehreren Jahrzehnten feministischer Männerkritik und der dadurch hervorgerufenen Entwicklung *sich selbst verachtender Männer* das Geschlechterverhältnis gewandelt habe. Es habe sich ein neuer Frauentypus entwickelt, den sie als "Dominetten" bezeichnet. Er sei der Hampelmann, sie kommandiere, nörgele, zicke: Er verdiene zu wenig, führe das falsche Auto, erziehe die Kinder nicht, trüge spießige Kleidung, verkehre mit den falschen Leuten usw.

Bei dieser Beziehungskonstellation sei die Frau zu 20% berufstätig, der Mann arbeite Vollzeit und ***er*** mache den Haushalt.

Für diese Männer wählt sie die treffende Bezeichnung "Fifis". Der Mann sei orientierungslos geworden, urteilt sie. Als Macho verpönt und als Softie verschmäht, versuche er es nun in der Rolle des Angepassten, des Unterwürfigen – des Fifis.

Die "Fifis" träten mittlerweile schon in vielen Bereichen unserer Gesellschaft auf. Sie seien auch in Politik und Medien tätig und sorgten dafür, dass in diesen Bereichen die Forderung nach der Bevorzugung der Frau mehr und mehr umgesetzt würde und ihnen dabei möglichst viele Geschlechtsgenossen folgten.

Die Frau kann heutzutage zwischen verschiedenen Lebensentwürfen wählen, sie kann verschiedene Rollen einnehmen: voll berufstätig, Teilzeit berufstätig, nur

Mutter ohne Berufstätigkeit und vom Mann versorgt, evtl. sogar kinderlos vom Mann versorgt, also ohne Berufstätigkeit.
Eine arbeitslose Frau ist zumindest noch Hausfrau/ggf. Mutter, während ein arbeitsloser Mann keinen anerkannten gesellschaftlichen Status hat. Die Rolle als Hausmann und/oder Vater als alleinige Aufgabe wird nicht als vollwertig anerkannt. Vom Mann wird sozusagen per Geschlecht *erwartet*, dass er einer Erwerbstätigkeit nachgeht. Die Frau hingegen, hat sie einen Partner und evtl. auch Kinder, soll stets die Wahl haben dürfen, aber nicht per Geschlecht zur Berufstätigkeit verpflichtet sein. Auch die Reduzierung der Arbeitszeit (Teilzeit) ist für den Mann – im Gegensatz zur Frau – keine gesellschaftlich akzeptierte Rolle.

Der Schriftsteller Ralf Bönt fordert daher möglicherweise zu Recht, Männer sollten gegen ihre rigide Rolle aufbegehren, sich mit sich selbst beschäftigen und sich fragen, wie und für was sie leben wollten.[195] Frauen könnten aus einer Vielzahl von Lebensmodellen wählen: Karriere, Vollzeit, Teilzeit, Hausfrau und Mutter. Oder nur "Frau von..." und selbst ohne Kinder versorgt. Auch dem Mann solle das Recht zugestanden werden, sein Leben nach seinen Vorstellungen zu gestalten.[196]

2.4. Feministische Doppelmoral

2.4.1. Die Doppelmoral beim Thema Aggression und Gewalt

Da Frauen erstens über weniger gesellschaftliche Macht verfügten und zweitens Gewalttätigkeit eine in erster Linie männliche Eigenschaft sei, kommen Feministinnen zu dem Schluss: Unsere Gesellschaft ist gewalttätig, weil sie männerdominiert ist. Hieraus folgern sie wiederum, eine Gesellschaft, in der Frauen das Sagen hätten, wäre friedlich und gewaltfrei. Die Wurzeln von destruktiver Aggression und Gewalt lägen im Patriarchat und Frauen seien somit in keiner Weise dafür verantwortlich.

So behauptet z.B. Elisabeth Camenzind: "Die männliche Aggression bringt den Frauen nichts als Leid und Ärger ein, sie vermiest uns das ganze Leben, das anders sein könnte. Wir werden seit Jahrtausenden permanent von Männern verfolgt, wir leben gewissermaßen täglich im Kriegszustand."[197]
Weibliche Aggression und Gewalt sei folglich als sinnvolle Gegenkraft, als Schutz und Vorbeugung gegen die männliche, notwendig und somit gerechtfertigt. Frauen

seien demnach auch dann noch Opfer, wenn sie Täter sind. Männer hingegen, als die eigentlichen Verursacher von Gewalt und Aggression, hätten auch noch die der Frauen mit zu verantworten (siehe Kapitel *Krieg).*

Soweit zugestanden wird, dass Frauen auch gewalttätig sein können, wird ihr Verhalten entweder bagatellisiert oder als Folge vorausgegangener Unterordnung und Gewalt durch Männer entschuldigt (vgl. Beispiele aus Kapitel *Feministische Doppelmoral).*

Dementsprechend findet sich beispielsweise in einschlägiger Literatur ein Frauenbild, das in Bezug auf die Frau stark idealisierte Züge aufweist und die Zuordnung guter Eigenschaften zum Weiblichen sowie schlechter Eigenschaften zum Männlichen vornimmt.[198]

Nachdem solche feministischen Positionen auch in zunehmendem Maße die Medien vereinnahmt hatten (siehe Kapitel *Die Darstellung von Mann und Frau in den Medien)*, konnte sich das Bild der friedliebenden Frau bzw. des aggressiven Mannes – nahezu unbeachtet und subtil – weitgreifend gesellschaftlich etablieren.

Um den Opferstatus der Frau aufrecht zu erhalten, wird auch heutzutage in Politik und Journalismus weibliche Gewalt meist entweder negiert oder im Kontext ausgeblendet. Es werden sogar Ergebnisse von Studien frauenfreundlich manipuliert. Beispiele:

- Der Journalist Joachim Bell bot der TAZ einen gut recherchierten Artikel zum Thema häuslicher Gewalt gegen Männer an, der von der Redaktion abgelehnt wurde, da man den aufgeführten Fakten keinen Glauben schenken konnte.[199]
- Die ehemaligen SPD-Ministerinnen Bergmann und Däubler-Gmelin brachten das sogenannte "Gewaltschutzgesetz" ein, in dessen Begleitmaterial wie selbstverständlich von weiblichen Opfern und männlichen Tätern die Rede war.[200]
- Die bewusst manipulative einseitige Gewichtung bei der Befragung und später verzerrte Darstellung – und somit politische Manipulation – der unbequemen Ergebnisse einer Studie über "Männer als Opfer häuslicher Gewalt" legt Arne Hofmann in seinem Buch "Männerbeben" dar.[201]

Lediglich im neuen Medium Internet diskutiert man bereits über den Mann als *Opfer* von Gewalt. Zudem werden dort über die Veröffentlichung von Zeitungsartikeln immer mehr männerdiskriminierende politische Aktionen bekannt gemacht.

In einem aus der WELT veröffentlichten Artikel vom 22.9.2004 über die Gewaltstudien des Bundesfrauenministeriums fordert der Geschlechterforscher Hans-Joachim Lenz einen Bewusstseinswandel in der Gesellschaft und eine Gleichstellungspolitik, die auch die Probleme von Männern berücksichtige.[202]

Interessant ist weiterhin die Frage, wie sich Frauen im Hinblick auf Aggression und Gewalt verhalten, wenn sie über gesellschaftliche oder persönliche Macht verfügen.
"Beschäftigt man sich intensiver mit weiblicher Aggression und Gewalt, so entsteht nämlich der Eindruck, Frauen seien, sobald sie über unmittelbare Macht verfügten, weder friedliebender, noch weniger aggressiv als Männer."[203]
Vielmehr können sie, in Abhängigkeit von dem Maß der ihnen zur Verfügung stehenden Macht, genau die gleichen Verhaltensweisen zeigen, aufgrund deren Männer als Gewaltträger abgestempelt werden.
Beispiele sind Frauen als Kriegerinnen und Soldatinnen im bewaffneten Kampf, Revolutionen oder in terroristischen Organisationen und Täterinnen im Dritten Reich.[204]
Ein weiterer tabuisierter Bereich ist der sexuelle Missbrauch von Kindern durch Mütter sowie die Kindesmisshandlung durch Mütter. [205] [206]
Sofern die Tatsache des sexuellen Missbrauchs durch Frauen eingestanden würde – und nicht von vornherein verleugnet – ließe sich des Öfteren die Tendenz ausmachen, das Verhalten der Frauen zu bagatellisieren, als *anders* und damit weniger schädigend anzusehen oder lediglich mildere Formen des Missbrauchs zur Kenntnis zu nehmen.[207]
In anderen (englischsprachigen) Veröffentlichungen ist davon die Rede, sexuell missbrauchende Frauen seien weniger gewalttätig als Männer, der Machtfaktor sei im Unterschied zum missbrauchenden Mann nicht zentral... ."[208]
Frauen sollten nicht leugnen oder beschönigen, Trägerinnen von Gewalt und Aggression und somit Täterinnen sein zu können. Das setzt aber die Bereitschaft voraus, Realitäten auch dann zur Kenntnis zu nehmen, wenn sie nicht in das idealisierte Frauenbild passen (siehe Kapitel *Fehlende Selbstkritik*).

Frauen müssen die Verantwortung für ihr Handeln auch im Schlechten übernehmen und einseitige Schuldzuweisungen an das männliche Geschlecht, mit dem Ziel, sich selbst als generell moralisch höherwertigeres Geschlecht bezeichnen zu können, unterlassen.[209]

Marielouise Janssen-Jurreit behauptet sogar, dass Gewalt nie von Frauen gegen Männer ausgeübt wurde, "dass es keine bewaffneten Auseinandersetzungen zwischen ihnen gab, höchstens im Mythos der Amazonenkämpfe."[210]
Andererseits werden die Amazonenkämpfe oft angeführt, um auf die ehemals real existierende weibliche Stärke und Macht (im positiven Sinne) hinzuweisen, die nur später vom Mann unterdrückt wurde.[211]
Gewalt von Männern soll hier keineswegs entschuldigt werden. Aus der Tatsache, dass viele Männer sich gewalttätig und aggressiv verhalten, kann jedoch nicht abgeleitet werden, Frauen seien deshalb ausschließlich unschuldige Opfer und bessere Menschen.

Die Autorin Ann Jones versteht einen von einer Frau begangenen Mord als "letzten Akt vor-politischer Gewalt, als verständliche Reaktion auf die Beschneidung der Rechte der Frauen".[212] Frauen, die ihre Ehemänner umbrächten, lehnten sich aus der Sicht von Jones gegen die Sklaverei auf.
Den von ihr beschriebenen Fall einer Frau, die Bewerber auf Anzeigen hin einlud, dann umbrachte und ihr Geld nahm, wertet sie folgendermaßen: durch ihre Morde "kehrte sie mit einem Handstreich die bekannten Geschichten der jungen Damen, die von niederträchtigen Verführern zugrunde gerichtet würden, und der hilflosen, von einem reichen Mann manipulierten Frau, um."[213]

Indem Feministinnen betonen, dass aggressive Verhaltensweisen von Frauen in den allgemeinen Rahmen der patriarchalen Frauenunterdrückung einzuordnen und somit ein Produkt vorausgegangener männlicher Gewalt seien, legitimieren sie jegliches weibliche gewalttätige Verhalten und machen Unrecht (sei es auch Mord) zu Recht.

Natürlich ist Gewalt gegen Frauen ein schlimmes Vergehen; Gewalt gegen Männer jedoch ebenso. Daher sollten Verbrechen generell, und aggressives Verhalten von Frauen, ebenso kritisch dargestellt werden, wie vergleichbare Handlungen von Männern (siehe Kapitel *Die Diskriminierung des Mannes in Zeitungen*).

Selbst der gesellschaftliche Status des Opfers, von vielen Feministinnen in heroischer Weise dargestellt, kann bei Frauen "Mordgelüste" auslösen. So schreibt Frau Müller-Mees[214], "offene und auch versteckte Gewalt sind Realität bei Frauen." Als Beispiel führt sie ein Filmfest mit dem Titel "Mörderinnen" an. Deren Veranstalterinnen gaben dazu die folgende Absichtserklärung: "Mord als Metapher. Die Figur der Mörderinnen ist das Symbol für den Bruch mit Traditionen von Friedfertigkeit und Unterwerfung. Mord als absichtsvolle, tot bringende Gewalthandlung ist eine letzte grenzüberschreitende Verweigerung in einer Gesellschaft, die Frauen auf die Rolle des Opfers beschränkt."[215]

Tötungshandlungen durch Krankenschwestern und Altenpflegerinnen legitimiert die Autorin folgendermaßen: "Wer sonst keine Chance sieht, Selbstbestätigung zu bekommen, seinen Beitrag zur Weltgestaltung zu liefern, lebt seine Größenphantasien für andere tödlich aus."[216]

Wenn Gewalt gegenüber Kindern zur Sprache kommt, dann vornehmlich die Gewalt der Väter als Vollzieher von Prügelstrafen oder sexuellen Vergehen. Die Müttergewalt hingegen wird oftmals als Folge der Frauenüberlastung durch die patriarchalischen Verhältnisse dargestellt.
Der Artikel in der Zeitschrift STERN vom 2.3.95 zum Thema "Missbrauch von Kindern" berichtet ausschließlich von Männern als Tätern. Auch auf allen Photos des mehrseitigen Berichts sind Männer abgebildet.

Claudia Heyne stellt in ihrem Buch "Täterinnen" die These auf, in der Statistik würden Männer als Opfer auch deswegen weniger auftreten, weil sie aufgrund ihrer Rollenzuschreibung noch mehr als Frauen Probleme hätten, sich selbst als Opfer zu definieren,[217] um beispielsweise einen sexuellen Übergriff anzuzeigen.[218]

Der hohe Anteil von Frauen bei Kindesmisshandlungen beispielsweise ist (in der Kriminalstatistik der BRD von 1990 wird ihr Anteil mit 38,2% abgegeben) von Feministinnen kaum zum Gegenstand der Diskussion gemacht worden (siehe Berichterstattung über Kindesmisshandlungen im Kapitel *Zeitung*).[219]

Empirische Befunde über messbare Formen der Aggression werden gerne als Beleg für die größere weibliche Friedfertigkeit herangezogen (siehe *Diskussion der Geschlechterunterschiede in verschiedenen Bereichen der Wissenschaft*). Indirekte oder passive Formen der Aggression sind auf diese Weise kaum erfassbar. Auch lassen solche

Untersuchungen nicht auf das beiden Geschlechtern gegebene Potential destruktiver Energie schließen. Sie sagen nichts darüber aus, ob Frauen unter Sozialisationsbedingungen, die mit denen der Männer vergleichbar wären, nicht in gleichem Maße destruktive Aggression äußern würden oder aber andere Wege und Mittel finden würden, diese destruktive Energie auszuleben.

Die Sozialisationsforschung schreibt die Entwicklung unterschiedlicher Verhaltensweisen der Geschlechter heute im Wesentlichen sozialen Einflüssen in Kindheit, Jugend und Erwachsenenalter zu.[220] Auch Gilmore weist auf einen Zusammenhang zwischen Kultur und der Ausbildung geschlechtsspezifischer Verhaltensweisen hin.[221]
Frauen haben, wie in Kapitel 1 erläutert wurde, einen nicht unerheblichen Anteil an der Weitergabe der kulturell erwünschten Geschlechterstereotype, da sie überwiegend für die Erziehung im privaten Bereich, in Kindergarten und Grundschule zuständig sind.

2.4.2. Beispiele für Frauen als Täterinnen

An der Berichterstattung über Frauen im Nationalsozialismus ist ebenfalls Kritik zu üben: Es wird nicht gesehen, dass erstens der Nationalsozialismus auch eine Herrschaft von Männern über Männer war, zweitens er von Millionen von Frauen gewollt und unterstützt wurde, drittens es eine nicht geringe Anzahl von Frauen gab, die an Macht- und Führungspositionen interessiert waren und sie nur deshalb nicht ausübten, weil man ihnen den Zugang zur Macht verwehrt hatte.[222] Koonz zitiert Mitgliederzahlen der nationalsozialistischen Frauenorganisationen und stellt fest, dass "die Beteiligung von sechs bis neun Millionen Frauen an nationalsozialistischen Frauenaktivitäten ... einfach geleugnet wird."[223]

- An Tötungen beteiligte Krankenschwestern: Koonz (1984)
- Täterinnen in Konzentrationslagern: Müller-Münch, Ingrid (1982) und Ebbinghaus, Angelika (1987)
- Die politische Gewalt, beispielsweise ausgeübt von Indira Ghandi, Maggie Thatcher, Golda Meir, Sirimavo Bandaranaike in: Wandel, Elke (1991)
- Frauen, die am Sklavenhandel beteiligt waren: Martha Mamozai (1990) berichtet über die Epoche der portugiesischen und spanischen Eroberungen
- Deutsche Kolonien: Mamozai, Martha (1990) und Dorn, Emma (1990)

- Frauen im bewaffneten Kampf: Samuel, Pierre (1979) und Ingrid Strobl (1989)
- Frauen in terroristischen Organisationen: Mac Donald, Eileen (1991)

"Bei widerständigem oder rebellischem Verhalten fällt es uns leicht, eigene weibliche Motive zu unterstellen und für uns zu beanspruchen. Wenn Frauen reaktionäre Ziele verfolgen, sind wir es dagegen gewohnt, stets das männliche Geschlecht und dessen Motive dafür verantwortlich zu machen... ."[224]
Frauen sollten sich außerdem nicht nur kritisch mit dem anderen, sondern auch einmal kritisch mit ihrem eigenen Geschlecht auseinandersetzen. Dazu würde gehören, im Rahmen eines Seminars zum Thema Gewalt auch die weibliche Gewaltbereitschaft als negativ zu definieren und Eigenverantwortung gegenüber Fehlhandlungen zu übernehmen. Beispiel:

Eine Referentin an der Universität Frankfurt begann ihr Referat zum Thema "Gewalt in der Familie" sinngemäß folgendermaßen: "Es gibt zwar auch Gewalt gegen Männer. Aber das ist ein so geringer Prozentsatz, dass ich mich auf die vor allem betroffene Gruppe, die Frauen, beschränkt habe … ."[225]
In Fällen, in denen die Mehrzahl der Betroffenen Männer sind, werden ebenfalls betroffene Frauen trotz ihrer geringeren Anzahl meist sogar besonders herausgestellt (z.B. Aidsopfer).
Es wäre jedoch wünschenswert, im umgekehrten Fall auch Männer in der "Opferrolle" zu thematisieren, selbst wenn sie in Bezug auf das Thema eine Minderheit darstellten (zur unterschiedlichen Darstellung von Aggression und Gewalt je nach Geschlecht vgl. Kapitel *Die Diskriminierung des Mannes in Zeitungen*).

Selbst in studentischen Seminaren an der Universität, in denen man eine gewisse geistige Reife erwarten könnte, taucht das Klischee des gewaltbereiten, aggressiven Mannes auf und wird ohne Protest hingenommen. So behauptet eine Studentin (übrigens über ihren eigenen Freund sprechend; Anmerkung der Autorin): "Ne gute Schlägerei nach 'ner Sauferei gehört doch dazu."

Frau Elke Müller-Mees beklagt in ihrem Buch "Die aggressive Frau", dass mit zweierlei Maß gemessen werde, je nachdem, ob es sich um männliche oder weibliche Gewalt handle, in dem Sinne, dass *er* walte wo *sie* wüte, *er* das bessere, *sie* das schlechtere Geschöpf sei.[226]

Demnach, kritisiert sie, werde weibliche Aggression negativ, männliche Aggression positiv dargestellt. Eine Seite zuvor widerspricht sie sich allerdings selbst, indem sie schreibt, "Gewalt ist heute noch weitgehend Männersache, auch die andere Seite der Gewalt, unrechtmäßiges Vorgehen, das jemanden zu etwas zwingt, oder rücksichtslos angewendete Gewalt, bei der physische Überlegenheit im Sinne von Kraft ausgenutzt wird, wird eher Männern als Frauen zugeordnet."[227]
Gewalt bei Frauen ist überwiegend positiv besetzt. Zu deren Beschreibung werden Eigenschaften benutzt wie "Kraft, Kühnheit, Können, Risikobereitschaft, Einsatzfreude, der Wunsch, etwas zu leisten, zu gestalten."[228]

Sie bemängelt, im Duden würden negative Beispiele zu dem Wort "Gewalt" der Frau, und positive Beispiele dem Mann zugeordnet. Ein Beispiel aus dem Duden: *Sie* hat ihre Zunge oft nicht in Gewalt; *Er* hat sich wieder in der Gewalt. Sie bezeichnet dies als unterschwellige, kaum merkliche Diskriminierung der Frau.[229]

Bereits auf der nächsten Seite geht sie bei dem Versuch, den Ausdruck "jemandem Gewalt antun" zu beschreiben, in ihrem Beispiel automatisch von einem Mann als Täter aus, anstatt das "Satzsubjekt" zumindest geschlechtsneutral zu beschreiben.[230]
Ein Beispiel für die positive Darstellung weiblicher Gewalt sei der Film "Thelma und Louise", der starke, um sich schießende, selbstbewusste Frauen gewähren ließe und den Frau Müller-Mees als gutes Vorbild für Frauen bezeichnet, denn der "fraueneigenen Sehnsucht nach Abenteuer und Gefahr", die seit Jahrhunderten verleugnet und unterdrückt würde, werde Ausdruck gegeben.[231]

2.4.3. Feministische Doppelmoral beim Thema Fremdgehen

Zitat der Autorin Fiona Pit-Kethley, die, was einst Feministinnen als Privileg der Männer anklagten, nun selbst ausübt: "Männer verschönern das Leben wie die Künste ..., mein Bedürfnis nach Ungebundenheit und meine Ansprüche an die Männer erlauben keine langen Beziehungen ... Sex bleibt immer ein ungebrochenes Vergnügen und wie sonst gilt auch hier: je mehr Erfahrungen man macht, umso schöner wird es." Die feministische Doppelmoral feiert bei Frauen das als emanzipiert, was bei Männern sexistisch sein soll.

Die Zeitschrift FÜR SIE berichtet in ihrem Artikel: "Wann darf eine Frau ihren Mann betrügen?", dass sich 70% der Frauen über Langeweile im Bett beklagten und nur noch schwer oder selten einen Orgasmus erreichten. Jede dritte Frau werde auf ihren eigenen Wunsch hin geschieden. Oder sie suche sich einen Geliebten, der ihr das geben könne, was ihr der Mann schuldig bleibe.

Glaubt man den Frauenzeitschriften, so haben sich Frauen auf diesem Gebiet schon wesentlich emanzipiert und bekennen sich wie selbstverständlich zum Seitensprung. "Ich kenne keinen Mann, der es nicht tut" sagt die Sängerin Veronika Fischer. "Warum sollen dann nicht auch wir Frauen unseren Spaß haben?" Pseudo-Sexualwissenschaftler unterstützen die Frauen, indem beispielsweise feststellt wird: "Frauen brauchen Abwechslung. Erst durch Betrug, durch Heimlichkeiten, wird langweilige Sexualität in der Partnerschaft wieder interessant. Ein Leben lang mit einem Mann, das schafft kaum eine Frau."
Auch rein sexuelle Gründe können als Rechtfertigung für den weiblichen Seitensprung schon ausreichen. "Wenn man eine Weile verheiratet ist, dann ist es einfach normal, Lust auf einen anderen zu haben", schreibt die Hamburger Fachautorin Ingrid Füller. (Zeitschrift FÜR SIE)

Betonten Frauen früher ihre verletzten Gefühle, wenn ihr Partner fremd ging, kommentieren sie heute Seitensprünge ihrerseits zum Beispiel so: "Mein Lover ist wie ein Tropfen edlen Weines, den ich mir an Festtagen gönne."[232]

Eine im Oktober 2003 durchgeführte Umfrage der Zeitschrift FREUNDIN ergab, dass 58 % der deutschen Frauen schon einmal fremdgegangen waren. 42 % hatten 25- bis 60-Jährigen hatten sogar gerade eine Affäre laufen. 47 % der Frauen genossen eigenen Angaben zufolge den Seitensprung und bereuten ihn nicht.[233]

Schaut man nach Beispielen zum Thema aus der heutigen Zeit findet man Ähnliches wie in den 90er Jahren:

FUNK UHR, Ausgabe 28/2003: "Sind alle Männer Egoisten?"

Bestsellerautorin Brigitte Blobel über Männer, die offenbar nur noch an sich denken"

Die Autorin: "Wenn zwei sich trennen, wird einer glücklich und der andere nicht, und in den meisten Fällen ist es eben so, dass nur die Männer auf der Straße des Sieges weiter vorangehen ...Währenddessen die abgelegten Frauen mit ihrer Verbitterung kämpfen – und nicht verstehen, warum die Männer so sind. So egoistisch, so ausschließlich mit der Erfüllung des eigenen Glücks beschäftigt, dass sie das Unglück, das sie verursachen, nicht mehr wahrnehmen wollen..."

FUNK UHR, *Ausgabe 29/2003: "Wenn Frauen fremdgehen"*

"... 42 % der untreuen Frauen beginnen eine Affäre, weil sie sich sehnen, begehrt zu werden. 20 % fühlen sich einsam in der Partnerschaft, 16 % klagen über einen lieblosen Mann, weitere 16 % wollen sich mit dem Seitensprung an ihrem Gatten rächen."

In der Ausgabe 28 werden die Männer zum gleichen Thema nicht nach ihren Motiven gefragt; vielmehr wird pauschal angenommen, Männer suchten oft nur Selbstbestätigung.

PETRA: *"Die Sexualität der Männer"*

"90% der Männer haben den Wunsch, auch einmal mit einer anderen Frau zu schlafen. Und jeder 3. tut es auch – manche sogar regelmäßig. 89 % der Seitenspringer haben deswegen nicht einmal ein schlechtes Gewissen." (vgl. Kapitel *Unterhaltungsshows).*

"Man braucht Antörner". Und die holten sich Frauen eben aus der Werbung oder bei anderen Männern außerhalb der Beziehung. Inzwischen gilt auch bei Frauen: "Den Appetit hol' ich mir draußen, essen tue ich zu Hause."[234]

"Jemanden außerhalb der Beziehung sexuell attraktiver zu finden, war schon immer ein Monopol der Männer. Ihren Frauen gestehen sie dieses Privileg nicht zu."[235]

FÜR SIE: "Wann darf eine Frau ihren Mann betrügen?"

Die amerikanische Bestsellerautorin Delma Heyn: "Während die Männer in der Ehe immer noch eine praktische Versorgungseinrichtung sehen, erwarten Frauen von ihr in erster Linie seelische und erotische Erfüllung."

Tatsächlich kommt doch wohl eher den Männern die traditionelle Versorgerrolle zu.

Von der Frau praktiziert, ist der Seitensprung also ein Zeichen ihrer Emanzipation, den sie mit folgenden Argumenten legitimiert:

- wenn er sie emotional nicht mehr befriedigt
- weil der Mann es auch tut, warum dann nicht die Frau?
- aus rein sexuellen Gründen, wie z.B. Langeweile beim Sex mit dem eigenen Partner

Während der Seitensprung des Mannes stets als ein verwerfliches, die Frau demütigendes und hinterhältiges Verhalten dargestellt wird, ist der weibliche Seitensprung anscheinend ein Zeichen ihres neuen Selbstbewusstseins und wird positiv bewertet.
Überschriften in Illustrierten wie: "Ehefrauen! – Jede 5. hat ständig einen Liebhaber", decken nicht etwa verborgene Sünden der Frau auf, sondern stehen vielmehr für eine positive Verhaltensweise der Frau, von der mit Stolz berichtet werden kann. Der Mann hingegen wird für das gleiche Verhalten angeklagt.

2.5. Fehlende Eigenverantwortung

Die Autorin Beate Kricheldorf deckt auf: "Frauen neigen zu einseitigen und subjektiven Sichtweisen, um ihre Opferhaltung beibehalten zu können und somit Eigenverantwortung zu vermeiden. Die Täuschungsmanöver sind so perfekt, dass Männer weiterhin nicht merken, dass sie die Opfer sind."[236]
Feministinnen diskreditieren die Mutter – und Hausfrauenrolle und propagieren die alleinige Selbstverwirklichung der Frau durch den Beruf. Berufstätigkeit sei das einzig Erstrebenswerte. Diese Möglichkeit hätten angeblich alle Männer und nur einige wenige Frauen. Frauen, die ihre Prioritäten anders setzten, seien Opfer ihrer Sozialisation, welche sie unterdrücke und machtlos halte.
Im feministischen Sinne soll die Berufstätigkeit allerdings vor allem freiwillig sein oder als Zusatzverdienst dienen. Sie soll weder zu einer regelmäßigen Verpflichtung noch zu lebenslanger Verantwortung führen. Die Rolle der berufstätigen Frau als Alleinverdienerin in einer Partnerschaft oder Familie anstelle des Mannes wird nicht eingefordert.

Auch die Feministin Müller-Mees bedient sich eines Klischeedenkens, welches die Frau als Opfer der patriarchalen Macht darstellt.[237]

Beispiele:

"Als Hausfrau wäscht sie seine Socken und Unterhosen, fegt den Dreck zusammen, die seine Füße hereintragen und kocht das Tiramisu, das er so liebt. Als Mutter versorgt sie *seine* Kinder, beschwichtigt diese, wenn er seine Ruhe braucht und erzieht sie nach *seinen* Wunschvorstellungen und darum oft nicht erfolgreich."[238]

"Er fühlt sich in seiner Mannesehre gekränkt, wenn sie ihn nach dem großen Hausputz freitags abends zurückweist: Ich möchte nur noch schlafen."[239]

"Clara Schumann, die gern Komponistin geworden wäre und stattdessen Robert Schumanns Hausfrau und Mutter seiner acht Kinder wurde … ."[240]

Das übliche Bild der Frau wird vermittelt: Sie hat sich für den Mann aufgeopfert und auf ihre eigene Karriere verzichtet.

Schumann kam aus gutem Hause, genoss eine gute künstlerische Ausbildung und hatte demnach auch andere Lebensperspektiven. Die Möglichkeit, sie habe sich aus freien Stücken dafür entschieden, Hausfrau und Mutter zu sein, wird erst gar nicht in Erwägung gezogen. Familie und Kinder werden heutzutage nur als Belastung und Hindernis auf dem Weg zur eigenen Selbstverwirklichung geschildert. Selten wird erwähnt, dass Kinder auch eine Bereicherung des Lebens ein können, im Gegensatz zu vielen monotonen Berufen.

Frauen sind nicht immer nur Opfer der Umstände oder des patriarchalischen Systems. Sie müssen vielmehr auch selbst Verantwortung für ihr Tun übernehmen können. Beispiele:

"Eine Mutter lässt ihr Kind verhungern"

Frau Müller-Mees zitiert einen Zeitungsartikel, der von einer Frau berichtet, die ihre 2-jährige Tochter verhungern ließ. Zwar beschreibt die Autorin die Frau und ihren Lebenswandel anfänglich negativ, sucht dann aber umgehend nach Schuldigen, die für das Verhalten der Frau letztendlich verantwortlich sein sollen. Diese Schuldigen werden in der Person des Vaters und der patriarchalische Gesellschaft gefunden. Damit ist die Frau unschuldig an ihrer negativen Lage und somit auch unschuldig an der von ihr begangenen Gewalttat.[241]

Einerseits werden Gefühlskälte und Aggressivität von Jungen bemängelt, andererseits aber nicht mit der Verantwortung der Frau als Mutter, Erzieherin,

Grundschullehrerin o.ä. in Zusammenhang gebracht (siehe Kapitel *Pädagogik: Koedukationsdebatte).* Die Erziehung liegt weitgehend in weiblicher Hand. Auch Frauen müssen sich deshalb für Fehler in der Erziehung verantwortlich fühlen und diese bekennen.

2.6. Fehlende Selbstkritik

Besonders feministisch orientierten Frauen fehlt offensichtlich die Fähigkeit zu einer gewissen Selbstkritik. Diese Unfähigkeit, Fehler eingestehen zu können, zieht sich wie ein roter Faden durch die Argumentationen und Beispiele.
Gewaltbereitschaft von Frauen, sofern sie überhaupt zugegeben wird, wird immer durch die besondere Unterdrückungssituation der Frau legitimiert: Sie war überlastet, alleingelassen, verzweifelt, in einer ausweglosen Situation. Für den Mann hingegen gilt diese Kontextbezogenheit nicht; er ist voll verantwortlich für sein Tun. Männliche Gewalt wird außerdem noch betont durch Adjektive wie "brutal" und "grauenvoll" hervorgehoben.
Indem also Kritik an der Unterdrückung der Frau durch den Mann geübt wird, fällt Kritik an der Frau selbst unbemerkt "unter den Tisch" (weibliche Opferrolle).
Beispiele:

Frau Müller-Mees kritisiert, dass bei Witzen das gebräuchliche Klischee der "Frau mit der Nudelrolle in der erhobenen Hand" häufig benutzt würde, welches Frauen durch seine einseitige Darstellung diskriminiere, und beendet dieses Beispiel mit der Formulierung " ... , die den nachts von einer Sauftour heimkommenden Mann hinter der Tür empfängt."[242]
Die Kritik konzentriert sich auf den Mann. Das Benutzen von Frauenklischees wird kritisiert. Gleichzeitig ist das Benutzen von Männerklischees – der betrunken heimkehrende Mann hat Angst vor seiner nudelholzschwingenden Gattin – legitim oder wird gar nicht wahrgenommen.

Beispiel Talkshow FRAUEN, Thema: Autofahren:
Gesprächsthemen der weiblichen geladenen Gäste sind einzig und allein die positiven Seiten der Frau beim Autofahren und die negativen Seiten des Mannes nach dem Motto: Was kann der Mann von der Fahrweise der Frau lernen. (siehe ausführlich in Kapitel *Unterhaltungsshows).*

Thema Aggression und Gewalt:

- Die weibliche Selbstkritik fehlt auch beim Thema "Aggression und Gewalt", denn
- Frauen sind nicht nur Opfer von Gewalt, sondern auch Täter (siehe Beispiel in Kapitel *Zeitungen).*
- Auch Gewalt von Frauen muss kritisch dargestellt und verurteilt werden (siehe Kapitel *Feministische Doppelmoral).*
- Gewalt von Frauen darf nicht durch den Hinweis auf männliche Gewalt oder der Unterdrückung der Frau im patriarchalischen System "unter den Tisch fallen."

Beim Thema Koedukation kritisieren Feministinnen, Jungen würden im Unterricht mehr beachtet und demnach bevorzugt. Die Verantwortung der Frau im "Erziehungsmatriarchat" wird hingegen nicht zur Sprache gebracht (siehe Kapitel *Pädagogik: Koedukationsdebatte*).

Frauen wollen häufig nicht unterscheiden, ob sie schlecht behandelt werden, weil sie eine *Frau* sind oder ob es um sie als *Person* geht, damit sie nicht selbstkritisch mit der Situation umgehen brauchen. Es kann auch mal sein, dass ich meinen Job nicht gut mache oder Kollegen meine Art nicht mögen.

Die weibliche Doppelmoral herrscht selbst in den seltenen Fällen weiblicher Selbstkritik (siehe Kapitel *Feministische Doppelmoral*).
Zugegebene Schwächen der Frau werden zuerst relativiert und entschuldigt und dann sogar rhetorisch in weibliche Stärken umfunktioniert. Die Negativierung dieser Stärken sei Taktik der Männer, weil diese die Stärken fürchteten. Hierzu Beispiele aus dem Buch von Elke Müller-Mees:

- Launen oder Ungehorsam "deuten hin auf eigenen Willen, eigene Vorstellungskraft … ."
- Neugier wird als "Interesse an Menschen und Beziehungen" verstanden.
- Geschwätzigkeit sei "ausgeprägte verbale Kommunikationsfähigkeit"[243] und "der natürliche Ausfluss" der weiblichen Erziehung, welche die Frau mehr zur Sprache als zur Tat ermuntere.[244]
- Weiterhin argumentiert sie: "Sie darf doch ihre Meinung sagen."[245]

3. Die Darstellung der Geschlechter in den Medien

3.1. Allgemeine Strukturen

Auch die Presse forciert aufgrund des guten Geschäftes mit der Hauptlesergruppe *Frau* durch ihre Art der Berichterstattung den männerfeindlichen Mainstream. Die Diskriminierung des Mannes in den Medien manifestiert sich sprachlich wie auch inhaltlich.

Sprachlich meint die unterschiedliche Art und Weise, wie mit den Begriffen *Mann* und *Frau* umgegangen wird und wie sie gewertet werden. *Inhaltlich* bezieht sich auf die negative *Darstellung* des Mannes an sich.

Die von mir an dieser Stelle ausgeführten Beispiele führte ich zum Zeitpunkt der Verfassung meiner Wissenschaftlichen Hausarbeit vor allem auf die Macht der Frau als Konsumentin zurück. Erst in den letzten Jahren entwickelte sich auch die Möglichkeit einer *direkten* inhaltlichen Beeinflussung:

Eines der größten Verlagshäuser Europas gehört nun Friede Springer. Sie ist Mehrheitsaktionärin sowie im Aufsichtsrat des Springer-Verlags.

Liz Mohn übernahm im Jahr 2009 die Hoheit über Europas größten Medienkonzern (Zeitung/Fernsehen/Magazine). Als Aufsichtsratsmitglied der Bertelsmann SE & Co. KGaA und Vorstandsmitglied der Stiftung ist sie in der Lage, Entscheidungen zu blockieren und über ihre eigene Nachfolge zu bestimmen.[246]

So gesehen liegt damit insgesamt fast 80% der Medienindustrie in weiblicher Hand.

3.1.1. Sprachliche Diskriminierung

Wird von Männern berichtet, so geschieht dies meist mit innerhalb einer Kategorisierung. Die Kategorien reichen von Macho bis Softie, Typ, Schlaffie etc. Interessant ist, dass alle diese Kategorien negativer Art sind, obwohl die dahinterstehenden Bilder in gewissem Umfang weiblichen Wunschbildern entsprechen.

- Beispiel Macho: Einerseits träumen viele Frauen von muskulösen, lautstarken Männern mit knackigem Po. Andererseits werden Männer, die so auftreten, oft abfällig als *Macho* bezeichnet.
- Beispiel Softie: Wie oft klagen Frauen über mangelnde Gefühle und Sensibilität bei Männern; zeigt ein Mann seine Gefühle, kann er abfällig als *Softie* eingestuft werden.
- Kommentar der Zeitschrift FÜR SIE über ein Buch von Benard/Schlaffer: " ... da bekommt der schlechte Vater genauso sein Fett weg wie der schlaffe Softie."
- Die Zeitschrift P.M. PERSPEKTIVE[247] bezeichnet in ihrem Artikel "Mann und Frau" Männer als *Möchtegern-Machos* und berichtet über "schuldbewusste Softies der 70er Jahre..."

Das Wort *Macho* findet nicht nur im normalen Sprachgebrauch seine Anwendung, sondern wird sogar auf männliche Tiere übertragen.
Beispiel: Artikel über das Verhalten von Fischen mit der Überschrift: "Der Macho kommt nicht zum Zuge". [248]

Die Zeitschrift GONG[249] schreibt in ihrer Rubrik "Natur und Umwelt" über Füchse: "Da die Fähe, Mutter Fuchs, zu der Gruppe der Alleinerziehenden gehört, muss sie selbst dafür sorgen, dass die Kleinen etwas zwischen die Milchzähne bekommen. Denn für Meister Reinecke ist der Begriff der ehelichen Treue ein Fremdwort. Vielmehr gehören die Seitensprünge zu seinem alltäglichen Leben. Nach dem Motto: Ein echter Macho bleibt ledig, lässt sich der Casanova auch durch den Nachwuchs nicht an den häuslichen Herd – pardon Bau – binden." Die Überschrift zu dieser Textspalte: "Papa ist ein richtiger Macho".

Senta Trömel-Plötz beklagt den Sexismus in der Sprache. [250] Sie bemängelt, Mädchen und Frauen würden in der Sprache nicht gemeint und nicht sichtbar sein. Beispiele: die Widerstandskämpfer, die Nobelpreisträger, der Arbeiter und seine Familie, usw.

Das Problem scheint längst nicht mehr aktuell. Frauen werden heute in einem positiven Kontext meist zuerst genannt. Beispiel: Meine Damen und Herren, liebe Mitbürgerinnen und Mitbürger, Wählerinnen und Wähler, Frauen und Männer. In negativen Kontexten, beispielsweise im Zusammenhang mit Gewaltanwendung oder Missbrauch, bei denen Männer *und* Frauen beteiligt waren, heißt es jedoch meist "Männer und Frauen".

Frau Trömel-Plötz kritisiert, dass Sprache sehr oft verwendet werde, um Frauen auszuschließen, so stünde in der Schweizer Verfassung bis 1971: "Jeder Schweizer ist stimmberechtigt." An anderer Stelle führt sie die Überschrift aus einer Tageszeitung "Innerschweizer und Frauen benachteiligt" ebenfalls als Beispiel für die Benachteiligung der Frau in der Sprache an, denn hier gehörten offenbar die Frauen nicht dazu, wenn von Schweizern die Rede sei. Die alleinige Verwendung der männlichen Form im ersten Beispiel unterschlage demnach die Frauen, während die zweite Formulierung durch die zusätzliche Erwähnung *Frauen* ganz deutlich mache, dass Frauen keine Schweizer seien.[251]
Sie fordert weiterhin, in Pressezeugnissen sollten Frauen nicht immer in Stereotypen abgebildet sein, wie z.B. als Mütter, Hausfrauen, Ehefrauen.
Frauen dürften außerdem nicht negativ mit den typisch weiblichen Eigenschaften wie dumm, schwach, hysterisch oder passiv beschrieben werden (vgl. Elke Müller-Mees, die selbst vermeintlich negative Eigenschaften der Frau wieder positiviert; in Kapitel *Fehlende Selbstkritik*).

Männer hingegen müssen sich die Zuschreibung von Eigenschaften wie egoistisch, emotional gestört, gewalttätig oder brutal gefallen lassen. Sie werden selbstverständlich in Stereotypen dargestellt (z.B. der Arbeiter, der Familienvater), von denen manche auch noch eine negative Bewertung implizieren, wie z.B. Macho, Chauvi, Softie, Macker, etc.

Trömel-Plötz berichtet weiterhin von der "Vergewaltigung der Frauen in Gesprächen"[252] und beklagt, die Unterdrückung der Frau in der Sprache und durch die Sprache festige Privilegien und Macht der Männer auf Kosten der Frauen.[253] Aufgrund dessen lägen die Fähigkeiten und Begabungen der Hälfte der Menschheit – nämlich die der Frauen – brach. Mädchen, die Künstlerinnen, Wissenschaftlerinnen, Komponistinnen, Nobelpreisträgerinnen werden könnten, müssten sich ... mit intellektuell und sozial geringeren Berufen zufrieden geben – wenn sie überhaupt einen Beruf hätten. Darin sieht sie eine Parallele zur Judenverfolgung.[254]
Trotz einiger damals noch berechtigter Kritikpunkte an der Position der Frau in der Sprache kann hier ein Vergleich mit der Judenverfolgung eindeutig als überzogen und unwissenschaftlich angesehen werden.

Kritik, die sie (1982 bzw. 1987) übte, z.B. die Bezeichnung *Mann* werde stellvertretend für Frauen und Männer verwendet, ist heute bereits nicht mehr angebracht. Vielmehr wird die Frau mittlerweile auf Formularen und öffentlichen Ausschreibungen explizit angesprochen, z.B. Als "die Antragstellerin", "die Wählerin", "die Studentin" etc.
Bei offiziellen Anreden werden Frauen zuerst genannt: "Meine Damen und Herren", "Liebe Mitbürgerinnen und Mitbürger" o.ä.
Oder es wird gar gefordert, *nur* noch die weibliche Form zu verwenden, mit dem Hinweis, die Männer wären somit automatisch mit-gemeint, wie an der Universität in Leipzig (siehe Kapitel *Die Macht der Frau in der Politik*).

In negativen Kontexten pochen Frauen jedoch nicht auf ihr Recht, mit genannt oder sogar zuerst genannt zu werden. Hier "darf" weiterhin nur die männliche Form verwendet werden. Beispiele:

- ...die steigende Anzahl von Nichtwählern (Nichtwählerinnen) signalisiert Politikverdrossenheit
- Achtung: auf der Autobahn A3 ist ein Falschfahrer unterwegs (eine Falschfahrerin)
- ...viele Ladendiebe (Ladendiebinnen) sind in der Weihnachtszeit besonders aktiv
- ... der Täter oder die Täter sind noch unbekannt (die Täterin)
- … ein unbekannter Autofahrer (eine unbekannte Autofahrerin) beging Fahrerflucht
- Abzocker bei der Pflegeversicherung (Abzockerinnen)
- ...viele Lehrer benachteiligen Mädchen im Unterricht (Lehrerinnen)
- ...in zwei Stunden 144 Raser (Raserinnen)
- Beispiel Sendung SPIEGEL TV vom 22.2.1995 über die "Qualen von Leistungsturnerinnen"

… je überehrgeiziger ein Trainer ist ...
... die Mädchen wurden von Trainern gequält...
(sehr viele Trainerinnen sind in diesem Bereich tätig. Man sieht sie auch im Film. Trotzdem ist nur von den *Trainern* die Rede.)

Wenn Feministinnen wie Frau Trömel-Plötz fordern, Frauen sollten ausdrücklich genannt werden und nicht nur mitgemeint sein, sie sollten sogar an erster Stelle genannt werden, müsste eine solche Forderung konsequenterweise auch in negativen Kontexten Anwendung finden, in denen die Beteiligung von Frauen möglich gewesen sein könnte bzw. sogar nachgewiesen wurde.[255]

Umgangssprachlich wird das Wort Mann oft durch das Wort Typ ersetzt; der Mann wird sprachlich neutralisiert und klassifiziert: "Irgend so ein Typ, ein cooler Typ, ein blöder Typ, der Typ aus der Parallelklasse" o.ä.

Zeitschrift PETRA: "Typen nach Maß", "Welche Typen törnen an?"
Es gibt auch eine Reihe typischer negativer Bezeichnungen für Männer, für die überhaupt keine weibliche Form existiert bzw. bei denen die Benutzung der weiblichen Form vermieden wird: Feiglingin, Fieslingin, Kindesmisshandlerin, Belästigerin, Geldhaiin, Macha, Sofia, Chauva, Wichserin (Gossensprache).
Die Tatsache, dass es so viele erniedrigende, zum Teil sexistische Bezeichnungen nur für den Mann gibt, weist auf den heutigen Zeitgeist hin.

Für den Autor Felix Stern ist der sogenannte *Softie* ist ein Sammelbegriff für Männer, die den mit Schuld behafteten Männerstatus verinnerlicht haben und das weibliche Prinzip als das für Männer erstrebenswerte hofieren. *Softies* haben für alle weiblichen Beschwerden und Forderungen Verständnis und Zustimmung. Sie erkennen Frauen als die besseren Menschen an und suchen nach ihrer eigenen, verschütteten Weiblichkeit. Sie weisen in Diskussionen auf die besondere Lage der unterdrückten Frau hin und fordern, mit Vorzugsbehandlungen die Ungerechtigkeiten, die Frauen widerfahren seien, wiedergutzumachen.[256]

Martina Bortolani verwendet in einer neueren Publikation den Begriff *Fifi (*siehe Kapitel *Das Rollendilemma des Mannes*)

Zur Wortsymbolik in der Sexualität: Das gesellschaftliche Werteverständnis für das männliche Geschlecht zeigt sich, wenn in Illustrierten wie z.B. STERN, SPIEGEL oder STRANDGUT, aber auch in bestimmter Literatur[257] für den Penis des Mannes demonstrativ das Wort Schwanz verwendet wird. Dieses Wort stammt aus der Pornosprache und entspringt einer Art "Aufgeilwortschatz". Die bewusste Anwendung dieser männerabwertenden Ausdrücke ist Sexismus.

Das Wort Schwanz hat sich bereits in der Umgangssprache – auch unter Jugendlichen – sowie in den Massenmedien etabliert, wie auch für die männlichen Hoden das Wort Eier verwendet wird.
Das "in die Eier treten" ist Umgangssprache unter Jugendlichen als Androhung der Verletzung der männlichen Geschlechtsteile. In vielen – überwiegend amerikanischen Spielfilmen – wird Männern wie selbstverständlich zwischen die Beine getreten, ohne dass die daraus resultierenden Schmerzen weiter Beachtung finden. Auch als Gegenstand von Witzen ist das Geschlechtsteil des Mannes sehr beliebt, oder in sogenannten "Pannenshows" (siehe Kapitel *Unterhaltungsshows*).

Diskriminierende Witze über weiblichen Sexualität kommen in dieser Art nicht vor, denn die Verletzung der Scheide – und daraus resultierende Lacherfolge – ist tabu. Auch dem Mann sollte eine Recht auf die Tabuisierung seiner intimsten Bereiche zugestanden werden (siehe Kapitel *Die Diskriminierung der männlichen Sexualität*).

3.1.2. Inhaltliche Diskriminierung

Die Negativierung des Mannes hat sich als gesellschaftliches Phänomen etabliert. Nur so ist es zu erklären, dass Politikerinnen, Journalistinnen und Moderatorinnen und Gäste von Talk-Shows ungestraft feministische Pauschalurteile und Beleidigungen verbreiten können.
Beispiele:

- Staatssekretärin Cornelia Iser vom Bundesfrauenministerium: "Hinter jedem erfolgreichen Mann steht eine Frau, die hilft. Hinter jeder erfolgreichen Frau ein Mann, der sie aufhält."[258]
- Ähnliche Aussagen dieses männerabwertenden Tenors verbreitet die stellvertretende Bundesvorsitzende der FDP Cornelia Pieper in einem Artikel der BUNTE (09/2007) sowie in ihrem Internet-Blog: "Während die Frau sich ständig weiterentwickelt … blieb der Mann auf seiner Entwicklungsstufe stehen. Ein halbes Wesen. Er ist weiterhin nur männlich und verschließt sich den weiblichen Eigenschaften wie Toleranz, Sensibilität, Emotionalität."[259]
- TAZ-Chefin Bascha Mika tituliert den MANNdats-Vorsitzenden Eugen Maus in einer Diskussionssendung auf Bayern Alpha am 26. Januar 2007 als "Jammerlappen". [260]

- In der SWR-Talkshow "Quergefragt" verhöhnte die Feministin Thea Dorn den besagten Eugen Maus – nachdem er Diskriminierungen von Männern in unserer Gesellschaft skizziert hatte – mit den Worten: "Ich weine gleich." [261]

Kritik an Frauen ist in den heutigen Presseerzeugnissen selten geworden. Nonkonforme Bemerkungen zur Frauenbewegung implizieren die Gefahr, als frauenfeindlich zu gelten.

Am Beispiel der Publizistin Esther Vilar wird dies deutlich. Noch jahrelang nach der Veröffentlichung ihrer drei frauenkritisierenden Bücher hatte sie mit den Folgen zu kämpfen: Tätlichkeiten und Bedrohungen, Beschimpfungen wie "Frauenhasserin", "Reaktionärin", "Faschistin" waren an der Tagesordnung. Dabei, so Vilar, sei ihre Intention lediglich gewesen, einen Kontrapunkt in die Emanzipationsdiskussion zu bringen.[262]

Anstelle von Morddrohungen steht heutzutage das berufliche und mediale Mobbing.
Der angesehene Journalist Neil Lyndon – er schrieb unter anderem für die TIMES – veröffentlichte 1990 einen Artikel, in dem er die wachsende Männerfeindlichkeit in den Medien beklagte. Er vertrat die Thesen, dass nicht Mädchen, sondern Jungen in der Schule benachteiligt seien, sowie dass Männer im Gesundheitssystem benachteiligt seien. Daraufhin wurde ihm Frauenfeindlichkeit vorgeworfen und er wurde öffentlich attackiert.

Die Tagesschau-Moderatorin Eva Hermann stellte in ihrem Buch "Das Eva-Prinzip" feministische Forderungen in Frage.[263] Zuvor veröffentlichte sie einen Artikel ähnlicher Ausrichtung zu dem Thema. Daraufhin wurde im Internet-Gästebuch der Zeitschrift EMMA Folgendes gepostet:" ... Warum torpediert man nicht Auftritte und Lesungen von Eva Hermann, z.B. mit Plakaten und Buhrufen. … Typisch männlich wäre es wohl, sie mit einem Eimer Blut zu übergießen bei einem öffentlichen Auftritt. Allein, Tierschützer tun so was doch auch. Und manchmal muss man eben radikal sein, wenn die Mehrheit nicht auf einen hören will. … na, dann bringen wir sie doch zum Weinen. Ein Nervenzusammenbruch vor laufender Kamera wäre doch die beste Rache."[264]

Auch Autor und Männerrechtler Arne Hofmann sieht sich nach der Veröffentlichung seines Buches "Sind Frauen bessere Menschen" mit heftigen medialen Anfeindungen von radikalen Feministinnen konfrontiert, sowie Versuchen, ihn beruflich zu diskreditieren.[265]

Generell haben es Publikationen, die auf Benachteiligungen von Männern in unserer Gesellschaft aufmerksam machen und überzogene weibliche Forderungen kritisieren, schwer, überhaupt veröffentlicht zu werden.[266]

Im Jahr 2011 sorgte der Fall der Gleichstellungsbeauftragten von Goslar, Monika Ebeling, für Aufsehen. Sie kritisierte, dass Gleichstellung vor allem Frauenrechte stärken solle und setzte sich Kraft ihres Amtes auch für Bereiche ein, in denen besonders Jungen oder Männer benachteiligt werden, wie z.B. Bildung, Scheidung und Trennung oder Väterrechte. Sie argumentierte mit den Grundwerten christlicher Nächstenliebe und Menschlichkeit: Man müsse sich auf die Seite des Schwächeren stellen und diesen unterstützen, unabhängig vom Geschlecht.
Ihr wurde gekündigt, weil sie sich zu einseitig für Männer – und besonders für Väterinteressen – einsetze.[267] Der SÜDDEUTSCHEN ZEITUNG sagte sie: "Dann können wir Gleichstellungsarbeit gleich abschaffen."[268]

Im Gegensatz zur Kritik an der Frau ist die Kritik am Mann fester Bestandteil des Journalismus: Männern mangelt es entweder an bestimmten Fähigkeiten wie Einfühlsamkeit, Verständnis für die Partnerin, Geduld beim Autofahren oder auch sexueller Potenz, oder es wird allgemein über die angeblich negativen Eigenschaften des Mannes berichtet: Männer seien egoistisch, wehleidig, feige, eingebildet, aggressiv und gewalttätig (siehe Kapitel *Zeitschriften* und Kapitel *Unterhaltungsshows).*

Die ungeheure Macht von Frauen in den Medien, gerade in Bezug auf frauenspezifische Themen, wird auch durch folgendes Beispiel deutlich:
Sprecherin der Tagesthemen Sabine Christiansen kann es sich leisten, zum Freispruch des Kennedy-Sohnes im März 1991 Folgendes zu bemerken: "...hat Glück gehabt... hat wahrscheinlich mehr Beziehungen als Marc Tysson", was einer öffentlichen Schuldsprechung des freigesprochenen Herrn Kennedy gleichkommt, nach dem Motto: Es ist ihm zwar nichts nachzuweisen, aber er war es trotzdem.
Könnte man umgekehrt über eine Frau, die vom Verdacht der Vergewaltigung eines Kindes freigesprochen wurde, in den Tagesthemen die Bemerkung machen: Da hat sie Glück gehabt, aber war sie wirklich unschuldig? Zudem handelte es sich bei diesem Beitrag immerhin um die Berichterstattung eines öffentlich-rechtlichen

Senders über den Ausgang des Prozesses, von der man Objektivität erwarten darf, und nicht um einen Kommentar.

Üben Frauen Gewalt aus, so wird stets auch über die möglichen Gründe für ihr Handeln berichtet: Depressionen und Überforderung, das Handeln aus einer ausweglosen Situation heraus, Überlastung, finanzielle Schwierigkeiten gelten als legitime Begründungen. Es wird nicht mit den Adjektiven brutal, grausam o.ä. gearbeitet, im Gegensatz zu Gewalttaten, die von Männern begangen werden.
Insgesamt verbreitet sich ein zunehmend *aggressiver Journalismus,* der die Frau hofiert und den Mann diskreditiert.

- Die Überschrift eines Artikels (Zeitschrift PETRA), der Vieles über die Sexualität des Mannes aufdecken soll, kennzeichnet den in Illustrierten zunehmend gängigen feministisch aggressiven, sexistischen Journalismus in Bezug auf den Mann: "Sexobjekt Mann! Jetzt ist er dran."
- COSMOPOLITAN: "Auf den Mann – fertig – los! Anmachtipps"
- Vorankündigung der Frauen-Talkshow FRAUEN, 9.2.95 10.45 Uhr auf SAT Die Zeitschrift GONG berichtet: Thema der heutigen Talkshow mit Claudia Karstedt: "Warum könnte ich meinen Mann manchmal erschlagen?"

Sind Frauen Opfer bzw. bringt eine Minderheit von Frauen eine erwähnenswerte Leistung in einem ursprünglich "männlichen Bereich", wird oft formuliert: "Immer mehr Frauen ... "
Im umgekehrten Sinne hat diese Regel keine Gültigkeit. Beispielsweise wäre es – als Konsequenz aus den zunehmenden Fällen weiblicher Beteiligung an Kindesmisshandlungen – schwer denkbar, folgendermaßen zu formulieren: "Immer mehr Frauen misshandeln Kinder."
Sind Männer und Frauen in einem neutralen oder in einem positiven Kontext erwähnt, ist es üblich, Frauen zuerst zu nennen.
Beispiele:

- " ...demonstrierten gestern 1000 Frauen und Männer gegen die Ausländerfeindlichkeit."
- "Sehr geehrte Damen und Herren ... ."
- "Liebe Mitbürgerinnen und Mitbürger ..."

- Sind Frauen und Männer Täter – also in negativem Kontext erwähnt – werden Männer in der Regel zuerst genannt. Beispiel: "Wie die Staatsanwaltschaft gestern mitteilte, werden neun Männer und Frauen beschuldigt ..."

Wie sehr die Gesellschaft die Frauenstandpunkte schon verinnerlicht hat, zeigt das Beispiel des LÄTTA-Werbespots. Wird dieser Werbespot in die Diskussion über die Geschlechterdiskriminierung eingebracht, so entscheidet sich die Mehrzahl der Seminarteilnehmer dafür, der Werbespot sei frauenfeindlich, und zwar in seiner Darstellung der *jederzeit verfügbaren Frau.* [269]
Dabei spricht alles gegen diese Einschätzung: Die Darstellung der Frau ist sehr positiv und entspricht dem derzeit als erstrebenswert dargestellten Bild der unabhängigen Karrierefrau, jung, dynamisch, erfolgreich und immer auf Achse. Der Mann dagegen ist nur eine anonyme Stimme am Telefon. Sie selbst bestimmt den weiteren Verlauf: Erst möchte sie etwas essen (das Produkt LÄTTA steht an erster Stelle), danach möchte sie duschen und anschließend kann er sich mit ihr treffen.
Die Reihenfolge und Art und Weise der Aufzählung zeigt, dass der Mann erst an dritter Stelle steht, d.h. er muss abwartend zur Verfügung stehen, bis sie bereit ist, ihn zu empfangen.

3.2. Beispiele für die Diskriminierung des Mannes und die Positivierung der Frau

3.2.1. Die Diskriminierung des Mannes in Zeitschriften, vor allem in Frauenzeitschriften

Neben Informationen über "Outfits" und modische Trends, ist in vielen Frauenzeitschriften wie BRIGITTE, COSMOPOLITAN, PETRA o.ä. eine häufig aggressive, männerdiskriminierende Variante hinzu gekommen, obwohl es sich hierbei nicht um feministische Zeitschriften, wie beispielsweise EMMA, LILA LOTTA o.ä. handelt, sondern um ganz normale Illustrierten, die in jedem Wartezimmer ausliegen. Der Mann wird in der Berichterstattung gerne kategorisiert, um gängige negative Männerklischees zu bestätigen.
Hierzu einige Beispiele:

1. Klischee: Männer sind Egoisten

- BRIGITTE: Was für Männer noch nie ein Problem war, fällt Frauen leider immer noch schwer: an sich selbst zu denken. Er (gemeint ist der Mann) nimmt eigentlich außer sich selbst und der Sportschau überhaupt nichts richtig ernst
- BRIGITTE: Männer sind Superegoisten und wollen um keinen Preis erwachsen werden und Verantwortung übernehmen.
- PETRA: Die Mehrzahl der Männer will vor allem eins: ihr Vergnügen

2. Klischee: Männer sind eingebildet

- PETRA: Die Männer sind Gockel, die aufleben, wenn Hühner um sie herumflattern
- ELLE: Ein Mann fühlt sich sicher, wenn sie zu ihm aufblickt, auch, wenn er 20 cm kleiner ist.
- PETRA: Männer brauchen nun einmal das Gefühl, für ihre Partnerin gleichsam die Inkarnation aller Wünsche zu sein.

3. Klischee: Männer sind Angeber

- ELLE: Männer, die Frauen anmachen, halten sich für unwiderstehlich. Sie haben kein Gefühl für den Zeitpunkt, an dem sie lieber aufgeben sollten. Nein-danke-Signale verstehen sie nicht.
- ELLE: ... ein paar Jahre zu alt für seinen 6-Tage-Bart, ein paar Kilo zu schwer für seinen lässigen Gang und, mein Gott, er hat kurze Hosen an.
- PETRA: Da ist es wieder, sein 'Ich-weiß-alles-Gesicht'. Wie ein Maschinengewehr feuert er politisches Pseudowissen auf ihre Gäste ab. Dass seine 'Ich-bin-der-Größte-Gesten' mit Gähnen quittiert werden, übersieht er. Wie peinlich! 11 % aller Frauen können ihrem Angeber blamable Auftritte nicht verzeihen. Gefahr: sein mieser Ruf ist ansteckend wie die Grippe.

4. Klischee: Männer sind wehleidig

- COSMOPOLITAN: Seine Halsschmerzen sind immer eine Angina. Männer sind einfach Jammerlappen.
- COSMOPOLITAN: ... und sie frönen in Männergruppen der neuen Wehleidigkeit.
- ELLE: Er kann wirklich einiges wegstecken, er ist bei Gott kein Jammerlappen. Aber bei ihm sind die Halsschmerzen nun mal schlimmer als bei ihr, also eigentlich ist das schon meistens eine Angina."

5. Klischee: Männer ertragen keine Kritik

- PETRA: Männer wissen etwas nicht? Das würden sie aber niemals zugeben. Aber Frauen weisen besser nicht daraufhin. Denn dann reagieren Männer blindwütig wie verletzte Panther.
- PETRA: Wenn sie über die offensichtliche Intrige seiner geliebten Mutter, die Macken seines bewundernden Vaters oder die Dummheiten seines besten Freundes lästert, wird er sauer.

6. Klischee: Männer sind feige

- Alexander Borell berät Leser in der Zeitschrift GONG, die Sorgen haben. (213) Er beantwortet das individuelle Problem einer Leserin, indem er folgendes Klischee verwendet: "In ihrer Psyche, und dementsprechend in ihrem Verhalten, sind Männer feiger als Frauen ... . Wo Männer herumstehen und überlegen, was sie tun sollen, haben es Frauen bereits zu tun begonnen." " ... aber zu feige sind, es ihrer Partnerin zu sagen."

7. Klischee: Männer sind im Bett Versager

- PETRA: Viele Männer vertragen nicht einmal zärtlich versteckte Kritik an ihren Sexqualitäten. Sie kratzt zu sehr an seinem Ego.
- COSMOPOLITAN: Da war etwas gründlich missverstanden worden. Aus weich wurde dann eben schnell lasch, aus zart fad, der Haudegen degenerierte zum Schlappschwanz.

- PETRA: "Kleiner Trost für alle Schwächlinge dieser Welt. Auch muskulöse Prachtkerle haben Probleme ... "

8. Klischee: Männer wollen nur das Eine

- PETRA: Die Männer schwindeln von Liebe, nur, um schnell ans Ziel zu kommen. Die sinnlichen Geheimnisse einer Frau lassen sie eigentlich kalt.
- PETRA: Der Mann wird vom Trieb geleitet. Daran hat sich seit der Steinzeit nicht viel geändert. Der Mann will alle Frauen befruchten, drum hat er so viele Spermien: der Mann als Ramschware der Natur.
- ELLE: Männer versuchen es überall: im Fitnessstudio, an der Hotelbar, am Flughafen und an der Bushaltestelle. Sie flirten, baggern, buhlen und werben: fürs Bett, fürs Leben, fürs Ego.

Ein wahres "Potpourri" an diffamierenden Klischees liefert der folgende Artikel aus der Zeitschrift COSMOPOLITAN. Die Zeitschrift wirbt auf dem Deckblatt für den Artikel: "30-jährige Männer, für Frauen ungenießbar" "Wenn sie nicht gerade Karriere machen, dann jammern sie. Über Potenzprobleme, jüngere Konkurrenten, fordernde Frauen, ihren Bauchansatz. Als Partner sind sie ein Flop. Jetzt haben wir genug von ihnen. Ein Pamphlet gegen die *Schlaffis.* Nie mehr so einen, nie mehr einen dieser miesen Jahrgänge. Alles karrieregeile, krisengeschüttelte *Gefühlskrüppel* am Rande der Impotenz. Männer, die Ende der 50er oder Anfang er 60er Jahre geboren wurden sind für mich von nun an tabu. Diese Dreißiger sind doch das Letzte: hohlköpfige Angeber, jämmerliche Sensibe1chen, eitle Schnösel oder verantwortungslose *Feiglinge.* Ihr gemeinsamer Nenner heißt Krise. Jedenfalls lasse ich mir mein Leben von diesen Typen nicht mehr versauern." In der Mitte der Seite befindet sich das Bild eines Mannes mit Krawatte und Mobiltelefon. Darunter steht ganz dick gedruckt und rot unterstrichen: Hohlköpfige Angeber, Jammerlappen, eitle Schnösel.
"Wenn ich nur an Martin denke", berichtet eine 'betroffene Frau' weiter. "Er hatte einen lächerlichen Kleinstmanagerjob bei einer unbedeutenden Computerfirma ... wenn wir überhaupt einmal zusammen ausgingen, denn abends bastelte Martin jahrelang wichtigtuerisch an seiner Doktorarbeit."
Die Zeitschrift berichtet weiter: "Seine finale Krise begann, als die Doktorarbeit zum dritten Mal abgelehnt und wenige Wochen später dem 33-jährigen Supermann bei der Beförderung ein 24-jähriger vorgezogen wurde. Mein Mitleid

hielt sich in Grenzen. Zum ersten Mal fiel Martin auf, dass es Jüngere gibt, Erfolgreichere zumal. Torschlusspanik. Auf den konnte ich gut verzichten!
Später berichtet sie von Nachfolger Daniel: Ständig war er sicher, an einer tödlichen Krankheit zu leiden. Bei ersten Altersflecken diagnostizierte er Hautkrebs und einmal falsch aufgetreten bedeutete garantiert einen Beinbruch. Er jammerte viel und erwartete von mir, ständig als Krankenschwester oder Muttterersatz parat zu stehen."

Weitere Beispiele:

- Zeitschrift PETRA, Rubrik: Spaß, Artikel: "22 Sünden, die sein müssen." "Einen reichen Mann als Geldesel missbrauchen. Wenn er blöd genug ist, zu glauben, mit Geld könne er sie ködern, hat er selber Schuld. Lassen Sie sich reich beschenken, natürlich ohne jede Gegenleistung, bis er merkt, dass Sie nicht käuflich sind."
- DER BLITZTIPP EXTRA vom 25./26.2.95 berichtet über die Fehler des Mannes: "Der Mann ist stark und wird nur ab und zu schwach? Von wegen! Genau umgekehrt ist's richtig … ."

Es wird angeblich aufgedeckt, dass Männer "...fast nur Komplexe im Kopf haben, bemitleidenswerte Wesen sind, die panische Angst vor Haarausfall haben, vor altersbedingten Wehwehchen – und starken Frauen." Jeder achte Mann habe zu hohen Blutdruck, jeder fünfte einen zu hohen Cholesterinspiegel, jeder dritte Übergewicht. Viele Männer polierten angeblich ihr Selbstbewusstsein mit Beziehungen zu jüngeren Frauen auf (vgl. Kapitel *Feministische Doppelmoral:* Darstellung des Seitensprungs der Frau) oder versagten *kläglich* im Bett.

- PETRA vom November 1994: "Bei aller Liebe – wenn er plötzlich geizig wird, motzt oder protzt, ist der Moment der Wahrheit da. Nichts wie weg, sonst bleibt der Kerl noch kleben."
"Er gehört zu den Typen, die das Maul aufreißen, wenn nicht die geringste Gefahr droht, aber garantiert den Schwanz einziehen, wenn's drauf ankommt."
"Sobald ein Kind kreischt, kriegt er weiche Knie, kratzt die Kurve."
"Er ist nicht nur Geizhals, sondern auch Großkotz ..."
- Für einen Artikel, in dem berichtet wird, dass "aktive, dominante Männer" anfälliger für Stress und damit auch für Unfruchtbarkeit seien, hält die Zeitschrift GONG vom 18.3.95 folgende Überschrift für angemessen: "*Unfruchtbare Machos*"

Im Gegensatz zur Negativdarstellung des Mannes verwendet man für die Darstellung der Frau positive Klischees, wobei man sich am feministischen Bild der unabhängigen, selbstbewussten Frau orientiert (siehe auch Kapitel *Werbung*).

- Beispiel: Artikel PETRA: "Das Power-Jahrzehnt" "Sie sind schön und erfolgreich. Sie sind selbstbewusst und unabhängig. Sie haben Spaß am Sex, sind offen für Neues, vor allem in der Erotik ..." "Längst glaubt sie nicht mehr an den weichen Kern im harten Mann. Statt seine Hemden zu bügeln, gibt sie ihm die Adresse der nächsten Wäscherei."

Eine gängige Kritik von Feministinnen ist, in Frauenillustrierten werde der Frau ein Schönheitsideal vorgeführt, dem sie nicht genügen könne, weil es überhöhte Maßstäbe setze. Die Persönlichkeit der Frau würde zudem auf Äußerlichkeiten reduziert, ihre Person als Ganzes nicht berücksichtigt. Es werde ihr mehr oder weniger vorgeschrieben, wie sie auszusehen habe, welche Kleidung und welches Make-up sie gerade tragen müsse und sie werde somit unter einen gewissen Druck gesetzt.

Verhält es sich nicht eher so, dass sich Leserinnen während der Lektüre dieser Zeitschriften freiwillig fast ausschließlich mit sich selbst beschäftigen?
Dabei besteht dieses *Selbststudium* zum überwiegenden Teil aus Anregungen, wie *sie*, oberflächlich gesehen, am besten auf andere wirken könne, sei es durch Kosmetika, Kleidung, Frisur o.ä. Die sogenannte *individuelle Selbstinszenierung* ist allein entscheidend und fängt schon beim richtigen Lippenstift an. Die Themen sind im Grunde immer ähnlich und wiederholen sich. Nur die Produkte variieren: kurze oder lange Röcke, bestimmte Modefarben o.ä.. Trotzdem besteht ein großes und anhaltendes Bedürfnis, zu wissen, was gerade in Mode ist und wie man sich als Frau vorteilhaft verändern könne, denn Zeitschriften wie BRIGITTE, PETRA, FÜR SIE u.ä. werden millionenfach abonniert und verkauft. Frauen unterstützen so dieses Konzept seit Jahrzehnten (siehe Kapitel *Fehlende Eigenverantwortung*), denn es sind nicht die Männer, die ihren Frauen solche Zeitschriften kaufen. Käufer sind vielmehr die Frauen selbst.

Auch im TV-Nachmittagsprogramm findet man entsprechende Sendungen, wie z.B. die äußerst beliebte Sendung *Shopping Queen*, täglich gesendet um 15 Uhr bei VOX, direkt im Anschluss *Vier Hochzeiten und eine Traumreise*, Sendezeit jeweils 60 Minuten. Samstags kann sich Frau dann alle Sendungen nochmal hintereinander ansehen, nämlich durchgehend von 13 Uhr bis 18 Uhr (vgl. Kapitel *Die Macht der Frau als Konsumentin*).

Reden Frauen in den Medien über Frauen, so betonen sie deren Selbstbewusstsein und deren Recht auf Eigenständigkeit als Errungenschaft der Emanzipation. Besäße die Mehrheit der Frauen diese Eigenschaften, hätten sie es nicht nötig, sich Woche für Woche auf hunderten von Seiten fast ausschließlich – und vor allem auf eine solche Art und Weise – mit sich selbst zu beschäftigen; die Nachfrage nach dieser Art von Zeitschriften müsste bereits drastisch zurückgegangen sein. Je selbstbewusster jemand ist, desto weniger muss er sich mit sich selbst beschäftigen, denn er ist sich ja bereits *selbst bewusst.*

Weiterhin können bestimmte Frauen in ihrer Funktion als stellvertretende Redakteure, Cheflayouter, Geschäftsführende Redakteure, Chefreporter, Chef vom Dienst o.ä. ihren Einfluss auf den Inhalt entsprechender Illustrierten geltend machen. Zwar sind die meisten Chefredakteure Männer (außer Zeitschrift COSMOPOLITAN: Alleinige Chefredakteure sind zwei Frauen), die Positionen des stellvertretenden Chefredakteurs sind jedoch überwiegend mit Frauen besetzt – und zwar wie folgt (Stand: 1995):
FÜR SIE: 3 Frauen und 2 Männer, außerdem 1 Chefin vom Dienst
JOURNAL FÜR DIE FRAU: 2 Frauen, außerdem 1 Cheflayouterin
MAXI: 1 Frau, außerdem 1 Cheflayouterin, 1 Geschäftsführende Redakteurin
PETRA: 2 Frauen und 1 Mann
COSMOPOLITAN: 1 Frau und 1 Mann (wobei zwei Frauen gleichberechtigte Chefredakteurinnen sind), außerdem 1 Textchefin, 1 Chefreporterin, 1 Chefin vom Dienst.

Wie aus einer Umfrage der Gesellschaft für Erfahrungswissenschaftliche Sozialforschung (GEWIS) im Auftrag der Zeitschrift NEUE REVUE hervorgeht, ist das weibliche Idol nicht, wie man vermuten könnte, unter den Top-Managerinnen in der Wirtschaft zu finden, vielmehr rangiert "in den Träumen der deutschen Frauen" (OP vom 24.2.95) auf Platz eins die Modemacherin Jil Sander, auf Platz zwei das Top-Model Claudia Schiffer.

Die Inhalte von Illustrierten – wie auch von vielen anderen Presseerzeugnissen – werden bestimmt von den potentiellen bzw. durch Umfragen ermittelten Bedürfnissen von Konsumentinnen. Zum Zwecke der Auflagen- bzw.

Gewinnmaximierung wird folglich geschrieben, "was der Markt verlangt", gefragt ist und *in* ist. Und der Trend ist eben auch, wie bereits aufgezeigt, den Mann als schlecht, gewalttätig und als Versager darzustellen. Dass dieser männerdiskriminierende Trend Anklang findet, ist an der anhaltenden Beliebtheit solcher Frauenzeitschriften ersichtlich (siehe Kapitel *Die Macht der Frau als Konsumentin*).

3.2.2. Die Diskriminierung des Mannes in Zeitungen

In den Medien lässt sich deutlich der Trend erkennen, den Begriff *Mann* vor allem in negativem Zusammenhang zu verwenden, nämlich dann, wenn Männer gegen das Gesetz verstoßen, wenn sie morden, plündern, vergewaltigen, erschießen, d.h. in der Rolle des *Täters* sind.

Sind Männer Opfer von Gewalt in jeglicher Form, werden sie meist anhand ihrer Funktion für die Gesellschaft (Beruf) oder als "25-jähriger", "Autofahrer", "Beifahrer" usw. bezeichnet. Die Wortwahl bezieht sich also auf Beruf, Alter oder das Tun im Zusammenhang mit dem Zeitpunkt des Geschehens.

Bei Frauen verhält es sich gerade umgekehrt. Als Täterinnen werden sie entweder zu Funktionsträgerinnen (Arzthelferin, Mutter) oder als "28-jährige", "Fahrerin" usw. bezeichnet. In positiven Kontexten oder als Opfer liegt die Betonung auf *Frau*. Entscheidend sind Überschrift und Einleitung des jeweiligen Artikels, das heißt, der erste Abschnitt, in dem die Primärinformation gegeben wird.

Die "Ver-funktionalisierung" des Mannes ist allgemein akzeptiert und hat dementsprechend auch in der Sprache ihren Ausdruck gefunden.
Im Zusammenhang mit den Themen Krieg, Kriegsberichterstattung oder kriegsgeschichtliche Darstellungen wird das Wort *Mann* sehr häufig durch das Wort *Soldat* oder *Zivilist* ersetzt.
Im Krieg sind Männer *Soldaten* oder *Zivilisten*. Werden sie erschossen, spricht man von "zahlreichen Verlusten". Weiß man die genaue Anzahl, so fasst man die betroffenen Männer in der Einzahl zusammen zu *Mann*.
Beispiele:

- In der Schlacht xy starben 1000 Mann. "Während der Regierungszeit Friedrich Wilhelms des 1. desertierten 30216 Mann."
- " ...die königlich-sächsischen Truppen herangezogen, umfassten rund 34000 Mann; diesen gegenüber standen knapp 29000 Mann auf preußischer Seite." (215)

Hier wird sprachlich das Schicksal von 30000 Männern zu einem Einzelschicksal zusammengefasst. Männer als Soldaten verlieren nicht nur im Krieg selbst ihre Identität, sondern auch in der Kriegsberichterstattung, indem man sie – z.B. im Jugoslawien-Krieg – nach ihren signifikanten Kopfbedeckungen *Blauhelme* nennt (siehe auch Kapitel *Krieg*).

3.2.2.1. Beispiele für die Beschreibung von Männern als Opfer

OP vom 27./28.11.93

- "Obdachloser von Tram überrollt"
- "Ein 41-jähriger Obdachloser ist am Donnerstag..."
- "Verkehrsunfälle: 18-Jähriger starb"
- "...der 18-jährige Fahrer eines Kleinbusses..."
- "Auffahrunfall auf Autobahn: 54-jähriger starb"
- "... .ist am Donnerstagabend ein 54-jähriger Autofahrer aus ..."
- "Busfahrer von Zug überrollt..."

OP vom 12./13.11.94

- "Radfahrer von Auto getötet"
- "Seinen schwersten Verletzungen erlag am Donnerstagabend ein 17- jähriger Radfahrer ..."
- "Unfall: "17-jähriger Radfahrer ist tot" "Der 17 jährige Radfahrer..."

OP vom 24.10.94

- "Drei Tote bei Unfällen – Vier Menschen wurden schwer verletzt."
- "So starb bei Reichelsheim ein 23-jähriger Autofahrer."
- "Bei einer Schleuderpartie auf einer Bundesstraße ...ein 24 Jahre alter Autofahrer."
- "Bei einem Verkehrsunfall auf der Autobahn starb ein 47-jähriger Fahrer."
- "Zwei Menschen stürzten vom Gerüst: Sechs Meter tief ist ein Arbeiter einer Gerüstbaufirma ..."
- "Der 23-jährige Idsteiner..."

OP vom 13.1.95

- "11000 Kumpel tot"
- "Rund eine Million Kumpel werden schwer verletzt" (bei Unfällen im Kohlebergbau; Anmerkung der Autorin)

OP vom 20.10.94

- "Taxifahrer niedergeschossen: Ein Unbekannter hat Dienstagabend einen Taxifahrer angeschossen und schwer verletzt."

BILD vom 17.10.94

- "Aidsblutproben vertauscht: Arbeiter zwei Wochen in Todesangst"

OP Nr.: 261/94

- "Zu Boden geschleudert und überrollt: 31-Jähriger in der Rodaustraße lebensgefährlich verletzt: In Lebensgefahr schwebt ein Fußgänger, ..."

OP vom 21.2.95

- "Stein tötete Beifahrer"

- " … ist gestern in Brandenburg der Beifahrer in einem PKW getötet worden."

- " … durchschlug die Windschutzscheibe des Autos und traf den 35-jährigen Beifahrer..."

3.2.2.2. Beispiele für die Beschreibung von Frauen als Opfer

OP vom 27./28.11.93

- "Am Montag um 13 Uhr wurde eine 55-jährige Frau Opfer ..."

- "Frau von drei jungen Männern vergewaltigt..." (weitere Beispiele unter *Wortwahl und Formulierung*)

3.2.2.3. Beispiele für die Beschreibung von Männern als Täter

OP vom 27./28.11.93

- "43-jähriger Mann vergewaltigt Frau im Park..."

OP vom 20.1.95

- "Gewaltserien in Bahnen und an Haltestellen: … Im ersten Fall bedrohten zwei junge Männer einen 15-jährigen Schüler ..."

- "Ein 17-Jähriger wurde von zwei schätzungsweise 18 Jahre alten Männern in ein 1. Klasse-Abteil gedrängt ..."

STADTANZEIGER vom 5.1.95

- "Zwei Männer wollten einbrechen"

- "Die 24-und 29-jährigen Männer..."

- " ... die beiden Kerle ..."

OP vom 20.1.95

- "Acht Jahre Haft für Totschlag"

  "Zu acht Jahren Haft wegen Totschlags ist gestern ein 45-jähriger Mann von der Schwurgerichtskammer des Landgerichts Darmstadt verurteilt worden."

OP vom 9.3.95

- "Brutaler Sextäter überfiel Mädchen"
- " ... von einem brutalen Sextäter überfallen ..."

  Im Artikel wird berichtet, der Mann habe versucht, das Mädchen zu vergewaltigen. Da es jedoch laut schrie, ließ er von ihr ab und flüchtete.

3.2.2.4. Beispiele für die Beschreibung von Frauen als Täterinnen

OP vom 27./28.11.93

- "Mutter ersticht ihren sieben Monate alten Sohn"
  "Mit einem Küchenmesser hat eine 26-Jährige ... "

OP vom 27.12.94

- "Kleinkind von Mutter getötet"
  Als Motiv werden Eheprobleme der getrennt lebenden Eltern vermutet. Kein Artikel über Frauen als Täterinnen, ohne dass man sich über die möglichen Motive Gedanken macht.
  Der Artikel auf der Titelseite, der auf den eigentlichen Artikel hinweist, trägt die Überschrift: "Familientragödie in' Offenbach – Kind vergiftet". Die Überschrift ist also eher allgemein gehalten und weist nicht auf ein weibliches Verschulden hin wie etwa: "Frau vergiftete ihr Kind – es musste qualvoll sterben."

OP vom 7./8.1.95

- "18-Jährige warf ihr Baby aus dem Fenster"

  Adjektive wie unverantwortlich, unmoralisch, verabscheuungswürdig werden zur Beschreibung der Tat nicht benutzt.

OP vom 3.1.94

- "Mutter tötete Kinder" – "Ursachen des Familiendramas waren möglicherweise Depressionen und Überforderung."

OP vom 25.11.94

- "Mutter tötete ihr kleines Kind mit heißem Wasser"

  " … sie habe aus einer für sie ausweglosen Lage wegen Überlastung, Überforderung und finanziellen Schwierigkeiten den Entschluss gefasst."

OP vom 24.3.95

- "Mutter warf ihre zwei Kinder aus viertem Stock – Bub und Mädchen *tot!* Frau überlebt"

  Wird um die Frau als *Täterin*, so ist sie *die verzweifelte Mutter*.

- "Eine verzweifelte Mutter hat ... ihre beiden Kinder aus dem Fenster geworfen und ist dann selbst in die Tiefe gesprungen."

  Geht es um die Frau als *Opfer*, nämlich im Zusammenhang mit den Verletzungen durch ihren Sturz aus dem Fenster, so ist sie *die Frau.*

- "Die 37-jährige Frau, die auf ein Polizeiauto fiel, wurde schwer verletzt." "Laut Polizei war die Frau gestern aber nicht mehr in Lebensgefahr."

MAINECHO vom 20.3.95

Das Main-Echo berichtet, die 28-jährige Doris F. habe gestanden, einen achtjährigen Jungen in erpresserischer Absicht entführt und kurz darauf getötet zu haben. Die Zeitung wählt dafür die Überschrift:

- "Opfer von Erpresserin war Freund des Sohnes."

Es wird nach Gründen für das Fehlverhalten der Frau gesucht:

- "Die 28-jährige Doris F., die offensichtlich von drückenden Geldsorgen zu der Tat getrieben wurde ..." (Können massive Geldsorgen eine Entschuldigung für eine solche Tat sein? Anmerkung der Autorin).

OP vom 13./14.11.95

Über zwei Frauen, die einen Mann mit Messern und einem Küchenbeil attackiert und so schwer verletzt haben, dass er beinahe verblutet wäre, berichtet die OP folgendermaßen:

- "Mysteriöser Angriff auf Mann – Frauen schwangen Messer und Beil ..."

Obwohl die beiden Frauen dem Mann schwerste Schnitt- und Stichverletzungen zufügten, wird die Tat nicht durch Adjektive wie *schlimm*, *gemein* oder *brutal* bzw. das Opfer nicht als der *arme, wehrlose Mann* o.ä. beschrieben, wie es umgekehrt – wenn Frauen Opfer von Männergewalt sind – meist der Fall ist. Im Übrigen klingt die Formulierung *schwangen Messer und Beil* eher wie "Cowboy und Indianer spielen".

OP vom 20.1.95

- Eine Frau als Täterin in einem Kindesmisshandlungsprozess: "Trauerpause für Angeklagte"

- "Einer 59-Jahre-alten Angeklagten ..."

- "Die angeklagte Großmutter ..."

- "Die 59-Jährige ..."

OP vom 9.12.94

- "Fahrerin rast mit Unfallopfer davon"
- "In Panik hat eine Autofahrerin in Südfrankreich Gas gegeben …"

In dem gesamten Artikel wird nie das Wort *Frau* verwendet.

OP vom 12./13.11.94

- "Unfall: 17-jähriger Radfahrer ist tot"
- "Autofahrerin hatte Kontrolle über ihren Wagen verloren"
- " ... eine 25-jährige Autofahrerin ..."
- "Die Fahrerin des Wagens, die gegen eine Verkehrsinsel geprallt war und dabei die Kontrolle über ihr Auto verloren hatte, erlitt einen Schock."
- "Auf dem rechten Randstreifen überholte sie mit ihrem VW-Golf zwei andere Autos ... Die Gründe dafür sind für die Polizei nicht nachvollziehbar."

OP vom 12./13.11.94

- "Radfahrer von Auto getötet" (im regionalen Rodgau-Teil zum selben Vorfall wie oben)

OP vom 16.2.95

Über eine Mutter, die ihre beiden Kinder misshandelte, wird folgendermaßen berichtet:

- Die Täterin wird als " … eine 33-jährige Mutter ..." und als "die Arzthelferin ..." bezeichnet. Der Sachverhalt an sich wird passiv geschildert: Nicht *sie fügte zu* oder *sie schlug auf das Baby ein*, sondern "Die Polizei fand bei dem vier Monate alten Baby Blutergüsse im Gesicht."

Obwohl die Gewalt eindeutig allein von der Mutter ausging, wird berichtet: "Daraufhin nahmen die Beamten die beiden Kinder aus der Familie."

Auch die Überschrift des Artikels weist nicht im Geringsten auf die Ausübung weiblicher Gewalt hin. Für den Bericht über eine Frau, die ihre Kinder misshandelt, wählt die Offenbach Post die Überschrift: "Kleiner Junge bat Passantin um Hilfe."

OP vom 17.10.94

- "Pflege zu Hause: Misshandlung in 50.000 Fällen"

  Pflegebedürftige ältere Menschen sind "seelischen und körperlichen Misshandlungen von Angehörigen ausgesetzt."

OP vom 31.3.95

- "Senioren oft Gewaltopfer ihrer Familie – Tausende misshandelt, ausgegrenzt"

  Soll auf die "Vielfachbelastungen" von Frauen hingewiesen werden, so wird bemängelt, die Pflege älterer Menschen werde meist von Frauen übernommen. In Negativkontexten, wie in diesem Fall von Misshandlungen, wird nicht deutlich erwähnt, dass vor allem Frauen die Täterinnen sind.

OP Nr. 261194:

- "Betreuerin" stahl alter Frau 10.000 DM: Zwei unbekannte Trickdiebinnen ..."

3.2.2.5. Wortwahl und Formulierung

BILD vom 27.1.94

- "Feuerattentat auf Obdachlose – 8 Opfer"
- "Unfassbar! Unbekannte legten Feuer in einem Kölner Obdachlosenheim, in dem auch Frauen und Kinder schliefen."

OP vom 31.3.95

- "Fünf Vietnamesen in Berlin von 'Zigaretten-Maffia' ermordet?"

  "In einem Berliner Ausländerwohnheim sind am späten Mittwochabend fünf Vietnamesen – <u>darunter zwei Frauen</u> – erschossen worden."

Berichterstattung in den Nachrichten über ein Flugzeugunglück:

- "Bei einem Flugzeugunglück kamen 100 Menschen ums Leben. <u>Darunter auch 27 Frauen und 3 Kinder."</u>

OP vom 4.3.93

- "Frauen <u>erleiden</u> immer öfter Schlaganfälle"

  "Immer mehr Frauen und junge Erwachsene erleiden Schlaganfälle" (Doppelnennung der Frauen).

  Im ersten Abschnitt geht es um Frauen. Der restliche Artikel handelt von Menschen, die an Zivilisationskrankheiten leiden. "Aufhänger" waren die Frauen.

ELTERN August 1994

- "Gut im Bett: Frauen <u>leiden</u> ... unter einem typisch weiblichen Phänomen: dem Streben nach Perfektion ..."

OP vom 28.4.93

- "Frauen <u>beklagen</u> Telefonterror"
  "Frauen leiden nach einer Umfrage der Zeitschrift FREUNDIN in Deutschland zunehmend unter Telefonterror."

OP vom 16.9.94

- Artikel zur Talkshow mit Hans Meiser

  "Bei den werdenden Vätern häufen sich (Schwangerschafts-) Wehwehchen" (Wehwehchen impliziert in etwa: Stell dich nicht so an!)

  In einem Artikel über die Schwangerschaftsprobleme der Frau ist es kaum vorstellbar, dass als Überschrift von den Schwangerschaftswehwehchen der Frauen die Rede ist.

  Denkbar wäre: "Werdende Mütter leiden während der Schwangerschaft unter Übelkeit und Erbrechen."

OP vom 21.10.94

- "Frauen schaffen Arbeitsplätze: Zum Thema *Frauen schaffen ihre Arbeitsplätze selbst* findet in der Frauenbegegnungsstätte eine Veranstaltung statt."

OP vom 28.10.94

- "... die Zeugin beschrieb den brutalen Kerl ..."
- "die hilfreiche Frau"

OP vom 12.11.93

- "Brutaler Macho muss in die Klinik"

  "8 1/2 Jahre Haft und Klinikaufenthalt sind die Quittung für einen 29-jährigen Angeklagten, der in Darmstadt mehrere Frauen überfallen hat."

OP vom 30.11.94

- "14-Jährige von brutalem Trio fast entkleidet"
  "Die Männer, alle über 1,80 m groß, brechen brutal den Widerstand ihres Opfers."

- "Wieder wehrt sich das Mädchen und erfährt, dass die Männer noch brutaler sein können."

MAINECHO vom 4.2.95

- "Die zwölf Schwachstellen des 'starken Geschlecht': Vom Haarausfall bis zum Versagen im Bett..."

- "Eine Liste, die jede Frau kennen sollte, veröffentlichte die Zeitschrift FÜR SIE. Detailliert werden die zwölf Schwachpunkte des starken Geschlechts aufgeführt, die jeden Mann *bis ins Mark treffen* ...."

OP vom 11./12.2.95

- Boxchampion Henry Maske gab vor seinem Kampf in einem Interview zu: "Ich habe zwar keine Angst, aber riesigen Respekt."

  Die OP machte daraus die Überschrift: "Der Champion hat zum ersten Mal Fracksausen."
  Diese Aussage wird auch noch mehrmals in dem Artikel selbst wiederholt. Emotionen und das Respektieren des Gegners werden Henry Maske als Schwäche und als Angst vor einer Niederlage ausgelegt. Im Gegensatz dazu schreibt die OP zwei Tage später über Maskes nächsten potentiellen Herausforderer, der in seiner Mentalität – lautstark und angeberisch – genau das Gegenteil von Maske ist, von dem "Großmaul Rocky Graciano."

3.2.2.6. Darstellungsweise

OP vom 21.12.94

- "Raucherinnen altern früher"
  In diesem Artikel geht es darum, dass eine Studie von US-Forschern festgestellt hat, die körperliche Verfassung (Muskelkraft, Beweglichkeit, Koordination und Balance) von Raucherinnen sei schlechter als die von Nichtraucherinnen. Auch bei männlichen Rauchern ist die gesundheitliche Verfassung schlechter als bei Nichtrauchern. Es handelt sich hierbei um ein Problem von Rauchern und Raucherinnen und nicht speziell von Frauen.

- Die Titelseite der OP präsentiert eine Übersicht über den Frauenanteil der Parteien im Bundestag. Die CDU/CSU hat einen Frauenanteil von 14,6% zu verzeichnen und steht in der Übersicht an letzter Stelle. Die Überschrift ist wertend betitelt: "Nachholbedarf für die CDU".

hierzu auch der Artikel aus der OP vom 29.11.94

- "Frauenquote in der CDU"

  "Erst die Flucht weiblicher Wähler zu anderen Parteien und in die Nichtwählergruppe hat der CDU nun Beine gemacht und für eine Nachbesserung gesorgt."

OP vom 16.8.93

- "Der Frauenanteil bei Drogen-Toten ist rückläufig"

  "Der Frauenanteil an den in Deutschland gefundenen Rauschgift-Toten geht ständig zurück. Mitte der 80er Jahre war noch jedes vierte Drogen-Opfer eine weibliche Person. Deren Anteil sei im Jahr 1992 erneut zurückgegangen und zwar auf 16 Prozent, so gestern das Bundeskriminalamt."

  Dies würde bedeuten, dass der Anteil der männlichen Drogen-Toten stark gestiegen ist. Es ist schwer vorstellbar, die Nachricht, dass der Anteil weiblicher Drogen-Tote stark gestiegen sei, etwa so auszudrücken: "Der Männeranteil an Drogentoten ist rückläufig."

Titelseite OP vom 9.2.95

- "Mehr Frauen Aids-Opfer"- "Frauen infizieren sich in beängstigendem Ausmaße mit Aids."

  Jede Minute würden zwei Frauen mit Aids infiziert. Alle zwei Minuten sterbe eine Frau an Aids. Aus dem Artikel wird nicht ersichtlich, dass die Anzahl der männlichen Aidsinfizierten und die Sterberate von männlichen Aidsinfizierten immer noch weitaus höher liegt.

OP vom 13.12.94

- "Todesursache Nummer 1: Herzinfarkt"
  Die OP berichtet, dass jährlich etwa 280000 Deutsche einen Herzinfarkt erleiden. Es wird nur von *den Deutschen* oder *den Patienten* gesprochen, obwohl der Herzinfarkt eine Krankheit ist, von der im überwiegenden Maße Männer betroffen sind.

Mainkinzig-Bote vom 12.10.94

- "Kleiderbörse für starke Frauen"
  In Anlehnung an eine beliebte Bezeichnung für die heutige Frau wird auf eine Kleiderbörse für Frauen ab Konfektionsgröße 44/46 aufmerksam gemacht.

OP vom 21.12.94

- "Geschenke zum Weihnachtsfest weniger üppig"
  Es wird bemängelt, die Schenkenden seien nicht besonders einfallsreich: "Von den Männern kauften 42% für ihre Damen Kosmetikartikel und die besorgten umgekehrt vor allem Oberbekleidung für ihre Liebsten (46%)." Obwohl der Anteil *einfallsarmer* Frauen höher war als die der Männer, wurden die Männer zuerst genannt.

OP vom 3./4.12.94

- "Vorbereitung fürs Fest bleibt Frauensache. Jeder vierte Mann kauft Geschenke erst kurz vor Weihnachten"
  Hier wird positiv herausgestellt, dass Frauen sich schon lange Zeit vor Weihnachten um die Geschenke für ihre Lieben kümmern würden. Anders als die Frauen fühlten sich die Männer im Hinblick auf Weihnachten weniger gefordert. Jeder Vierte kaufe erst kurz vor Heiligabend etwas. Eine andere Darstellungsweise hätte etwa sein können: "Männer machen den Konsumterror vor Weihnachten weniger mit" oder "Frauen sind konsumorientierter" oder "Frauen verfallen in vorweihnachtlichen Kaufrausch".

OP vom 25.10.94

- "Gekauftes Glück mit Nebenwirkung": "*In ihrer Verzweiflung über die eigene Fehlerhaftigkeit* suchen immer mehr Frauen einen Schönheitschirurgen auf."

Diese könnten "neben körperlichen auch große psychische Schäden auslösen." Daraufhin wird ein angeblich typischer Fall beschrieben: Eine, junge Frau in einer glücklichen Beziehung hatte "einfach Bock auf große Brüste". Diese Formulierung soll das Selbstbewusstsein der betroffenen Frau zum Ausdruck bringen, steht aber im Widerspruch zu dem Bild der angeblich unter ihrer Nicht-Schönheit leidenden Frau. Entweder leiden Frauen unter ihrer mangelnden Schönheit (Opferrolle) oder spiegeln das Bild der selbstbewussten Frau wider, die macht, wozu sie gerade Lust hat. Beide Positionen in einer Argumentation zu verknüpfen ist widersprüchlich. Tatsache ist, dass die Zahl der Schönheitsoperationen ständig ansteigt.[270]

Mainecho vom 17.1.93

Zu: Lorena Bobitt, die ihrem Mann den Penis abgeschnitten hat

- "Durch die Erniedrigungen ihres Ehemanns habe die 24jährige sich zurückgestoßen und wertlos gefühlt. Zuvor hatte die Angeklagte in einer immer wieder durch Schluchzen unterbrochenen, mehrstündigen Vernehmung .... Ich erinnerte mich an die Beleidigungen und seine Beschimpfungen ... Als sie den Gerichtssaal verließ, winkte sie optimistisch rund 300 Anhängern zu, die sie mit Sprechchören begeistert feierten ... ."

Ihre Tat als solches wird nicht thematisiert. Frauen *leiden*, *schluchzen*, *lösen Mitgefühl aus*. Hätte ein Mann einer Frau die Scheide verstümmelt, würde dann nicht eher von einer skrupellosen, verwerflichen, scheußlichen oder entwürdigenden Tat gesprochen werden – und zwar auch dann, wenn der Täter noch so viele "gute Gründe" dafür gehabt hätte?

BILD AM SONNTAG vom 27./28.11.93

"Oh weh, mein Mann hilft im Haushalt!"

- "...früher war's nichts als ein Traum. Heute haben wir den Salat: der moderne Mann hilft im Haushalt!"

- "Ach ja, Männer haben's nicht leicht. Ist doch egal, wenn die Wäsche ein paar Stunden in der Maschine liegt – was soll sein? Ob das Geschirr nun gespült wurde oder nicht – es wird doch eh gleich wieder benutzt."

- Ein anderer Mann lässt sich auf Partys lautstark bedauern, dass seine Frau ihn nicht mehr abwaschen lasse: "Fällt mir doch bei jedem Abwaschen ein Teller aus der Hand."

- "Hilft nur eins", behauptet die BILD AM SONNTAG:

  "Frauen, schließt die wertvollsten Stücke einfach weg und verlässt das Haus. Dann kriegt ihr das Wie nicht mit – und könnt euch freuen, wenn er irgendwann trotzdem fertig ist. Mit dem Haushalt. Und hoffentlich nicht mit den Nerven."

  Würde eine Frau versuchen würde, bei der Wartung und Pflege ihres Autos behilflich zu sein, wäre folgender Kommentar undenkbar: "Ist doch egal, ob das Öl einen Monat früher oder später ausgewechselt wird, sagt sie sich seit einem 3/4 Jahr, gestern fuhr das Auto noch, also wird es auch heute noch fahren – was soll sein?"

  Frauen, die nicht bei sogenannten "typisch männlichen Hausarbeiten" helfen wie Dübeln, tropfende Wasserhähne, verstopfte Duschen, fehlender Kühlerfrostschutz oder bei dem Transport von schweren Gegenständen oder Lasten etc. würde nicht unterstellt, sie würden absichtlich dauernd mit dem Schraubenzieher abrutschen, nur, damit ihr Partner schließlich die Arbeit erledige.
  Es wäre weiterhin unmöglich, dass sich Frauen gleichzeitig aus dem Munde bestimmter Männer, die in den Medien zitiert würden, anhören müssten, sie würden sich an Arbeiten dieser Art überhaupt nicht beteiligen und der Mann müsse immer alles alleine machen.

Frankfurter Rundschau vom 14.7.93

"Vorwürfe waren frei erfunden: Zwei Frauen haben dem katholischen Bischof von Davenport vorgeworfen, er habe drei Kinder sexuell missbraucht."

Die öffentlichen Vorwürfe stellen sich nachher als frei erfunden heraus. Der Bischof sagt zur Einstellung des Gerichtsverfahrens, die Frauen krank seien und er wolle ihnen daher keine Vorwürfe machen. "Sie seien Opfer ihres Anwalts geworden, der in seinem Fanatismus gegen die katholische Kirche der Übeltäter sei."

Adjektive wie gemein, hinterhältig, unbegründet fehlen, es werden keine Vorwürfe erhoben. Ein Mann kann des sexuellen Missbrauchs angeklagt werden und muss seine Unschuld beweisen. Kann seine Unschuld nicht bewiesen werden, ist er zunächst schuldig. Den Frauen wird in diesem Artikel weder vorgeworfen, noch zur Last gelegt, sie hätten voreilig einen Unschuldigen angeklagt.

Artikel Dreieichspiegel (ohne Datum) "Früh erkennen"

- Die Tatsache, dass 37% der Frauen und nur 18% der Männer die Möglichkeit der Krebsfrüherkennungsuntersuchung nutzen, wird folgendermaßen gewertet: "Frauen bei den Barmer-Versicherten sind mutiger als Männer." Man hätte auch berichten können, Frauen seien ängstlicher, weil sie sich öfter untersuchen lassen.

3.2.3. Unterhaltungsshows und Spielfilme

Das Kapitel "Unterhaltungsshows" beinhaltet außerdem die Verlaufsbeschreibungen von Diskussionsrunden, TV- oder Frauenmagazinen und Talkshows.

3.2.3.1. Zur Struktur

- in Bezug auf Männer wird oft mit negativen Klischees gearbeitet
- Kritik an Frauen ist mehr oder weniger verpönt
- Männern wird die "Opferrolle" nicht oder nur bedingt zugestanden, auch wenn sie sich eindeutig in einer solchen befinden (z.B. beim Thema: Rechtssituation unehelicher Väter)
- Frauen gegenüber wird Einfühlsamkeit gezeigt. Ihr Schmerz und ihr Leid werden zum Ausdruck gebracht und mit Adjektiven wie *unmenschlich*, *grauenvoll*, *allein und isoliert* beschrieben
- männliche Emotionalität wird oft abgewertet, wenn sie nicht erwünscht ist (" ... mir kommen gleich die Tränen ...")

- weibliche Gäste, aber auch frauenhofierende Männer (sogenannte "Fifis") erlauben sich eine aggressive Sprache gegenüber Männern ("also sagen Sie mal, stellen Sie sich immer so an?") und benutzen männerabwertende Verallgemeinerungen in ihrer Argumentation ("niedrige Leistungsstandards waren schon immer Taktik *der Männer*")
- manche ModeratorInnen stellen ihre Fragen so, dass sie bereits Antworten implizieren, die Männer negativieren ("was geht ihnen bei männlichen Autofahrern auf die Nerven?"; "Na, glauben wir ihm das?")
- eine weibliche Doppelmoral wird nicht weiter kritisch beleuchtet, sondern als neues weibliches Selbstbewusstsein gefeiert (z.B. Thema Fremdgehen, siehe Kapitel *Feministische Doppelmoral*)

3.2.3.2. Beispiele

Frauenmagazin MONA LISA vom 5.12.93
Moderatorin: Maria von Welser
Thema: "Rollenverteilung bei Mann und Frau"

"Männer wollen uns doch gerne klar machen, dass die totale Präsenz der Frau an Heim und Herd die Erfüllung wäre."
Das nicht-repräsentative Beispiel einer Frau mit 5 Kindern soll diese These verdeutlichen und die pauschale Verallgemeinerung bestätigen. Eine betroffene Mutter mit 5 Kindern sagt: "Ich fühle mich ausgelaugt, ausgesaugt bis aufs Letzte." Sie "leidet an ständigen Rückenschmerzen, fühlt sich allein und isoliert." Frauen sind betroffen, erleiden, erdulden, können es sich leisten, emotional zu sein.

MONA LISA vom 13.11.94
Moderation: Petra Gerster

Die Eingangsthese: "Frauen sind intelligenter" soll bestätigt werden, indem festgestellt wird, der Mensch mit dem höchsten IQ sei eine Frau; nämlich Marilyn vos Savant. Aus dem Bericht: "Weder Simone noch den anderen hochbegabten Kindern sieht man ihre Fähigkeiten an. Und Mädchen werden sowieso unterschätzt und leiden daher mehr." (Filmbericht: Conny Hermann)
Aiga Stapf, Universität Tübingen sagt zur Verantwortung der Mütter: "... die Mütter brauchen sich wirklich keine Vorwürfe zu machen, dann schon eher die Väter... ."

Resümee des Beitrags: "Wenn im Machtkampf der Geschlechter nur die Intelligenz entscheiden würde, hieße es für viele Könige schon *Schachmatt.*"

Frauenmagazin FRAUEN vom 30.1.95 in SAT 1
Moderation: Claudia Karstedt
Thema: "Warum können Männer die Fahrkünste von Frauen immer nur bespötteln?"

Allein die Überschrift ist schon aggressiv und suggestiv und konnte innerhalb einer Talkshow mit fast nur weiblichen Gästen auch leicht ihre Bestätigung finden. Beispiele:
Wird festgestellt, Frauen bräuchten im Durchschnitt sieben Fahrstunden mehr als Männer, ist der weibliche Kommentar: "Das ist ja nun verschwindend gering".
Fahren Frauen schlechter, mangele es ihnen an Erfahrung, weil in der Familie in erster Linie dem Mann das Auto zustehe.
Im Laufe des Gesprächs wird weiterhin festgestellt: Frauen fahren ruhiger, weniger aggressiv, "für sie sei Autofahren nicht Krieg".
Bemerkung einer Frau: "Und wenn sie dann plötzlich in dem großen Karren fahren muss und ihr Alter sitzt daneben ... ".
Zum Thema Sicherheitstraining: Frauen hörten viel besser zu, überschätzten sich nicht so leicht wie Männer, seien lernfähiger. Der einzige männliche Gast, der Boxer Rene Weller, übt als einziger in der Runde Selbstkritik, indem er zugibt, er kenne sich nicht mit der Technik seines Autos aus, bis auf Batterie und Überbrückung. Er sagt weiterhin: "Die meisten fahren schlecht, ob Männlein oder Weiblein."
Alle Frauen der Runde wollten nur die positiven Seiten der Frauen und die Mängel der Männer als Autofahrer herausstellen.

3.2.3.3. Typischer Verlauf einer Sendung

- FRAUENFRAGEN vom 16.12.93 um 19:45 Uhr in West 3

Es wird über die Vergewaltigung von Frauen im Bosnienkrieg und den zahlreichen Hilfsaktionen in aller Welt für diese Vergewaltigungsopfer gesprochen. Ein CDU-Abgeordneter hatte sich erlaubt, das Thema aufzugreifen und anzumerken, dass von den Schrecken des Krieges auch die Männer betroffen seien, was man nicht vergessen dürfe. Die SPD-Abgeordnete Hanna Laurin bezeichnet diesen Hinweis

als Ignorieren der Frauenfrage und indirektes Schützen der Täter, da jeder Mann ein potentieller Täter sei.
Natürlich sind Vergewaltigungen generell – und besonders im Krieg – ein Verbrechen. Warum soll aber das Leben oder die Notlage der Frauen wichtiger sein, als das Leben und die Notlage der Männer? In diesem Zusammenhang steht auch die Überlegung, warum Frauen und Kinder aus Kampfgebieten stets zuerst evakuiert werden. Männern wird nicht nur das Recht dazu abgesprochen, sondern sie werden, versuchen auch sie zu fliehen, sogar noch als Feiglinge hingestellt (siehe Kapitel *Krieg*).
Direkt nachdem Frau Laurin dem erwähnten männlichen Gast das Ignorieren der Frauenfrage vorgeworfen hat, spricht sie über die Benachteiligung von Frauen in Ländern wie Afghanistan usw. und stellt dann fest: "...wobei man sagen muss, dass es hier bei uns auch nicht viel anders aussieht."
Weder der Moderator, noch einer der geladenen Gäste hielt es für angebracht darauf hinzuweisen, dass es große Unterschiede zwischen der Situation von Frauen in Afghanistan und Frauen in Deutschland gibt.

3.2.3.4. Beispiele für die fortschreitende Feminisierung der Medien

- Sendung: B...TRIFFT mit Bettina Böttinger

Die Moderatorin arbeitet mit Klischeebildern, die die eingeladene Rennfahrerin Ellen Lohr aber nicht unterstützt. Zuerst stellt sie E.L. als "starke Frau in einer Männerdomäne" bewundernd vor.

1. Frage: *Frau Lohr, was geht ihnen bei männlichen Autofahrern am meisten auf die Nerven?*
"Also sagen wir mal, was geht mir allgemein bei Autofahrern auf die Nerven. Dass sie aggressiv fahren oder auch auf der linken Fahrbahn vor sich her schleichen.
2. Die Moderatorin zielt auf das Klischee "Auto als Potenzsymbol bei Männern" ab. Darauf Frau Lohr irritiert: "Meinen Sie?" Frau Böttinger: "Das sagt man doch so..." Ellen Lohr ganz überrascht: "Da muss ich Ihnen widersprechen...wirklich nicht, nee."
3. Es wird ein chemischer Versuch gezeigt, den Ellen Lohr nicht versteht. Darauf die Moderatorin: "Herr xy, Sie müssen kein schlechtes Gewissen haben, dass Sie bei einer starken Frau eine kleine Schwäche aufgedeckt haben."

Bei Ellen Lohr handelt es sich wirklich um eine selbstbewusste Frau, die es nicht nötig hat, mit Männerklischees zu argumentieren, um sich und ihre Leistung "als

Frau" als besonders positiv darzustellen und ihre Person als "tolle Frau" in den Mittelpunkt zu rücken.

- SCHREINEMAKERS LIVE vom 17.11.94, SAT 1

Roger Witthaker wird, am Lügendetektor angeschlossen, öffentlich gefragt: "Hatten Sie schon einmal Angst unfruchtbar zu sein" und "Waren Sie während ihrer gesamten Ehe treu?" (siehe Kapitel *Sexualität).*

- Talkshow mit dem Moderator Alexander von Sallwitz
  Thema: Fremdgehen

Eine verheiratete Frau sagt: (Filmaufzeichnung) "Obwohl ich nicht darauf verzichten möchte, mit dem einen oder anderen Mann, der in mir bestimmte Saiten zum Klingen bringt, zu schlafen, kommt eine Trennung von meinem Mann bisher jedenfalls für mich überhaupt nicht in Frage."
Kommentiert wird der Filmausschnitt folgendermaßen:"...hat Barbara ihr Leben so organisiert, dass sie, wie Jahrtausende lang die Männer, auf nichts verzichten muss. "Nachdem sie sich mit ihrem Liebhaber verabredet hat, telefoniert sie mit ihrem Mann: "Du, ich muss leider geschäftlich weg fliegen, nach London, ja leider. Tschüss, grüß die Kinder... ."

Ein geladener Gast, Inga Jührs, spricht von ihrem Seitensprung etwa so: "Für mein Selbstbewusstsein wichtig – ich hatte kein schlechtes Gewissen" und sie erklärt, sie habe ihm nichts davon erzählt aus Rücksicht auf seine "verletzte Eitelkeit". Die Buchautorin Ingrid Füller erklärt zu diesem Thema: "...dass Frauen immer noch so ungeheuer viel hinnehmen... jetzt kann ich nicht mehr, jetzt leiste ich mir auch so eine Außenbeziehung." (siehe Kapitel *Feministische Literatur).*
Inga Jührs spricht dann aber vom Seitensprung ihres Mannes wie folgt: "Was mich am meisten getroffen hat, war nicht der Seitensprung, sondern die Lügen während dieser Affäre."
Sie behauptet außerdem, beim Thema Seitensprung messe die Gesellschaft mit zweierlei Maß: Der Mann sei ein toller Hecht, die Frau käme in der Bewertung schon nah an eine Hure.
Und Frau Gisela Lembke stimmt ihr zu: "… die Frau ist abgestempelt, wenn sie es tut..." Im Zusammenhang mit dem weiblichen Seitensprung fallen keine Begriffe

wie Vertrauensbruch, Unehrlichkeit und Hintergehen. Die Frau hat die Moral auf ihrer Seite.
Auf die Frage des Moderators, ob dies nicht eine Doppelmoral sei, antwortet Frau Füller prompt: "Nein, es ist eine andere Moral."
Die pure Lust oder Geilheit als Grund für einen Seitensprung wird auch nicht erwähnt. Vielmehr spricht man von Gründen wie "es ist keine Kommunikation mehr da", "er ist auch fremdgegangen", "er versteht mich nicht, hört mir nicht zu" oder "aus einer leidvollen Erfahrung heraus", aus Enttäuschung, Frustration. Gründe, die für Seitensprünge von Männern keinen Platz finden. Deren Seitensprünge seien auf ihren Egoismus oder animalischen Sexualtrieb zurückzuführen.
Frau Gisela Lembke weist auf die einseitige Perspektive vieler Frauen bezüglich des Themas "Fremdgehen" hin: Es wird immer beklagt, es gingen so viele Männer fremd. Es handelt sich dabei oft um verheiratete Frauen oder Frauen, die ebenfalls in einer festen Beziehung leben. Wenn man die Sache einmal von der anderen Seite aus betrachten würde, müsste man zu der Erkenntnis kommen, dass die jeweiligen Partnerinnen der Männer beim Seitensprung demnach ihren eigenen Partner ebenfalls betrügen.

Das Thema Sorgerecht wird in Talkshows mit männlicher und weiblicher Beteiligung beispielsweise folgendermaßen erörtert:

- HANS MEISER vom 30.11.93 in RTL
  Thema: Frauen ohne Kinder

Einführung von Hans Meiser: "...wird mit den Fingern auf sie gezeigt..."
Eine betroffene Mutter sagt: "Meine Tochter wurde mir systematisch entfremdet."
Überleitung von Hans Meiser.: "Wir werden uns gleich noch weiter darüber unterhalten, wie Sie mit dem Leid und dem Schmerz umgehen."
Zur Schilderung ihrer Situation werden die Adjektive *unmenschlich* und *grauenvoll* verwendet.

- HANS MEISER vom 7.11.94, RTL
  Thema: Mann sucht Frau

Einen der geladenen Männer, die näher vorgestellt werden sollen, fragt er: "Können Sie denn auch so richtig zärtlich sein, haben Sie einen Steiff-Knopf im Ohr?" Als bereits der zweite Anruf für denselben Kandidaten kommt "'Hey, unser Hitparadenrenner..."

- HANS MEISER vom 8.11.94, RTL
  Thema: Das erste Mal

Sie: 15 Jahre, Er: 24 Jahre alt
Meiser überrascht: "Er war ja ein alter Knacker ..."

- HANS MEISER vom 21.2.95, RTL
  Thema: "Mein Partner wollte nur mein Geld"

In der Vorschau, die am Ende der Werbeblöcke mehrmals am Tag auf die Sendung hinwies, wird der Fall einer Frau skizziert, deren Partner es "nur auf ihr Geld abgesehen hatte". Es wäre wesentlich passender gewesen, den umgekehrten Fall in der Vorschau zu schildern, der in diesem Fall das genannte Thema wohl eher repräsentiert hätte.
So wäre es kaum denkbar, bei dem Thema "Mein Partner hilft nicht im Haushalt" in der Vorschau von einem Mann zu berichten, dessen Frau nur an ihre Karriere denkt und sich zuhause vom Mann bedienen lässt. Es wäre weiterhin nicht denkbar, zu diesem Thema beispielsweise fünf betroffene Männer, aber nur eine Frau einzuladen, die über ihre persönlichen Erfahrungen berichten, wie dies in der genannten Sendung der Fall war.

- Talkshow in NORD 3 vom 28.1.95
  Moderation: Axel Bulthaupt

Die Schauspielerin Susanne Uhlen behauptet, Männer litten deswegen mehr unter Trennungen, weil ihr männliches Ego leide. Der Moderator gibt zu bedenken: "Vielleicht sind sie ja sensibler?" Sie protestiert sofort und signalisiert Ablehnung: "So einfach ist es nun auch wieder nicht!"

Auffällig ist, wie die Frauen in dieser Runde von persönlichen Erfahrungen wie: "also ich habe die Erfahrung gemacht ... " und "in meinem Bekanntenkreis gibt es..." berichtend, übergangslos zu allgemeingültigen Aussagen über Männer und Frauen übergehen und als Ergebnisse beispielsweise anführen: "Frauen haben mehr Antennen" und "Männer sind eitler".

- EINSPRUCH: 1993
  Thema: Männer und Haushalt
  Moderation : Ulrich Meyer

Moderator Meyer fragt einen männliche Gast: "Was machen Sie sonst noch?" Er :"Staubsaugen". Moderator: "Echt? Is' wahr? Und wie ist die Arbeit ausgeführt? Einigermaßen zufriedenstellend?"
Dann fragt er die Frau dieses Gastes: "Würden Sie ihn als faul bezeichnen? Sie: "Ja" (das Publikum lacht). Ist sie im Bild, wird unten am Bildschirm eingeblendet: "Ehefrau eines Paschas".
Bei einer anderen geladenen Frau ist eingeblendet: "Leidet unter faulem Ehemann."
Moderator zu einem anderen männlichen Gast: "Also sagen Sie mal, stellen Sie sich immer so an?"
Dieter Bonas berichtet, dass seine Frau den Haushalt organisiert, während er das Geld verdient. Moderator: "Haben Sie ihr das zugeschanzt?" Rolf Weihreter: "Ich war drei Jahre Hausmann." Moderator: "Echt, hätten wir nicht gedacht!"

- DOPPELPUNKT vom 14.4.94, 22.15 Uhr
  Moderation: Susanne Herwig

Es werden Väter vorgestellt, denen der Kontakt zu den Kindern von der Ex-Frau verwehrt wird. Wenn die Eltern nicht verheiratet waren, hat der Vater zwar kein Recht darauf, sein Kind zu sehen, er wird jedoch gesetzlich verpflichtet, für das Kind Unterhalt zu zahlen. Die Mutter erhält automatisch den Verwandtschaftsstatus durch die Geburt, der Vater hat rechtlich keinerlei Ansprüche auf das Kind. Das Sorgerecht bekommt immer die Mutter. Nur in schwerwiegenden Fällen – beispielsweise bei Drogenabhängigkeit der Mutter oder Prostitution – kann dem Vater das Sorgerecht zugesprochen werden. Der Vater muss beim Vormundschaftsgericht einen Antrag auf Umgangsrecht mit seinem

Kind stellen und darin begründen, warum es für das Kind gut wäre, Kontakt mit dem Vater zu haben. Er ist derjenige, der die Beweislast hat. Er muss nachweisen, dass er für das Wohl seines Kindes wichtig ist. (Gesetzeslage mittlerweile geändert; Anm. der Autorin)
Im Gegensatz dazu muss die Frau nicht den Beweis erbringen, dass sie eine gute Mutter sein kann, bevor man ein Kind in ihre Obhut gibt (sinngemäß aus dem Beitrag des Familienrichters Hermann Josef Merzbach).

Sigrid, 38 Jahre, verhindert jeglichen Kontakt zwischen ihrem Ex-Mann und den Kindern mit der Begründung, er wolle nur eine Machtposition haben: "Es geht ihm nicht um das Kind, sondern nur um seine Rechte."
Wer würde im umgekehrten Falle einer Mutter unterstellen, sie kämpfe um ihr Kind, nur um dem Mann gegenüber eine Machtposition zu haben?
Den "ideologisch bedingten Mutterbonus", der nur die Erklärung für eine solche Gesetzessituation sein kann (zuständig derzeit Justizministerin Leuthäuser-Schnarrenberger), macht die Beantwortung der Frage der Moderatorin deutlich, ob es ein Umgangsrecht des Vaters auch gegen den Willen der Mutter geben sollte (bei Nichtverheirateten). Darauf ein weiblicher Gast: "Nein, die Mutter entscheidet."

Umgekehrt wäre kaum vorstellbar, dass einem Kind ohne erkennbaren Grund der Kontakt zu seiner Mutter verwehrt wird, weil der Vater es nicht für richtig hält oder sich auf diesem Wege bei seiner Ex-Frau für zuvor erlittene Demütigungen vor oder während der Trennung revanchieren will.

- FLIEGE vom 21.9.94 in der ARD
  Thema: Väter ohne Rechte

Der Gast Hubertus Steinacher berichtet von seiner Ohnmacht gegenüber der Entscheidung seiner Ex-Freundin, das Kind zu behalten. Für seinen Sohn zahlt er monatlich Unterhalt, seine Ex-Freundin verlangt auch noch Unterhalt für sich selbst. Seit er ihre Forderung, einen zusätzlichen Unterhalt zu zahlen, abgelehnt hat, verweigert diese ihm jeglichen Kontakt zu seinem Kind. Zahlen darf er trotzdem weiterhin.
Es ist auch möglich, dass der Vater das Umgangsrecht verliert, weil die Mutter heiratet und der Ehemann das Kind adoptiert. Der Vater ist diesem Fall völlig machtlos (ausgehebelt per Gesetz).

Die Frage der Moderatorin bezüglich dieses Sachverhalts: "Brauchen Kinder Väter?"
Umgekehrt würde man sich nie die Frage stellen, ob Kinder Mütter brauchen. Außerdem widerspricht eine solche Einstellung der Klage vieler Frauen, Väter würden sich nicht genug um ihre Kinder kümmern. Im Laufe der Sendung werden auch einige Klischees benutzt.

- Er sei "der vagabundierende, desinteressierte Vater"
- Sie sei "die liebende, sich um alles kümmernde Mutter"
- "*...es ist doch allgemein bekannt*, dass die Frauen reden, vermitteln, wir gehen zur Beratung, und die Männer wollen nicht. .. "
- "Mütter sorgen sich um die Kinder und stellen alle anderen Bedürfnisse erst einmal zurück..."

Hubertus Steinacher beschreibt, wie hilflos er sich in dieser Situation fühlt: Einem Vater werde es schwer gemacht, er sei einer Ohnmacht ausgesetzt. Die Reaktion eines weiblichen Gastes auf dieses Bekenntnis: "Mir kommen gleich die Tränen..."

Frauen fordern von Männer mehr Emotionalität, jedoch nur in Bezug auf die Frau. Reagieren Männer anderweitig emotional, so ist dies nicht erwünscht. Dafür, dass er Gefühle zeigt und sein Leid zum Ausdruck bringt, erntet der Mann selten Mitgefühl und meist nur Häme. Die "Opferrolle" soll weiterhin ausschließlich der Frau vorbehalten sein.
Wenn eine Mutter berichtet, wie leidvoll es für sie ist, ihr Kind seit zwei Jahren nicht gesehen zu haben, würde niemand darauf mit dem lapidaren Satz reagieren: "Mir kommen gleich die Tränen ...", denn Frauen wird ihre Emotionalität zugestanden. Aus der Opferrolle heraus hat sie das Recht, sich zu beklagen und auch Forderungen zu stellen. Dabei reagiert die Umwelt verständnisvoll, *insbesondere auch Männer.*

- Fußball-WM 2014 Live-Übertragung im ZDF um 21:15Uhr
  Moderator: Mathias Obdenhövel

Nach einem dramatischen Spiel siegte die brasilianische Mannschaft.
Die Tatsache, dass mehrere Spieler der Siegermannschaft weinen kommentiert der Moderator: "... Heulsusen oder Emotionsbolzen...?"

- NACHTCAFE vom 10.12.93
  Thema Väter
  Moderation: Wieland Backes

Die feministischen Soziologinnen Cheryl Benard und Edit Schlaffer behaupten: "Wir Frauen sitzen Zuhause mit den Kindern ... " und
"Ein niedriger Leistungsstandard war schon immer Taktik der Männer in allen zwischenmenschlichen Beziehungen"

- NACHTCAFE vom 12.3.93, 22.00 Uhr, Südwest 3
  Thema: Abtreibung

Forderung: Frauen sollen legal und uneingeschränkt abtreiben dürfen, selbst über ihren Körper bestimmen dürfen.

Jutta von Ditfurth zum Thema Abtreibung stolz und selbstbewusst: "Für mein Sexualleben sind drei Abtreibungen wohl sehr wenig."
Was beim Mann kritisiert wird, sich selbst in den Mittelpunkt zu stellen, Egoismus, wechselhaftes Sexualleben, "große Klappe", gilt bei Frauen als positiv (feministische Doppelmoral).
Bestimmte Frauen verwechseln Machtgehabe mit Selbstbewusstsein. "Sich-selbst-bewusst-sein" bedeutet vielmehr, sich auch zurücknehmen zu können und es nicht nötig zu haben, sich ständig in den Mittelpunkt zu rücken und andere ständig auf die positiven Eigenschaften seiner eigenen Person aufmerksam zu machen.

- NACHTCAFE vom 17.2.95, Südwest 3

Hella von Sinnen: "Warum hat Gott die Männer erschaffen? Weil Vibratoren nicht Rasen mähen können".

- TATORT-Krimi

Ein vermeintlicher Verbrecher sagt zur Tatort-Kommissarin:
"Für einen Bullen haben Sie eine wirklich gute Figur." Sie antwortet: "Für ihr Alter haben Sie eine ganz schöne Wampe."

Könnte umgekehrt die Antwort eines Kommissars auf ein Kompliment einer Verbrecherin lauten: "Für ihr Alter haben sie einen ganz schön fetten Hintern" o.ä.? Hätte er sich nicht eher geschmeichelt gefühlt und gesagt: "Vielen Dank" o.ä.?

- Ein Film von Doris Dörrie im ZDF am Montag, den 11.10.1993
  "Happy Birthday, Türke" mit dem Prädikat *sehenswert*

Zur Handlung: Ein türkisch-stämmiger Privatdetektiv wird von einer Prostituierten "Flachwichser" beschimpft "ich schneide dir den Schwanz ab" (diesen Satz sogar mehrmals; Anmerkung der Autorin). Er lässt sich diese Beschimpfungen ohne Widerrede gefallen. Einige Sekunden später fängt sie an zu weinen und er tröstet sie noch. In einer späteren Szene ist ein anderer Mann in ihrer Gewalt. Sie foltert ihn, indem sie mit dem glühenden Toaster seine Geschlechtsteile verbrennt.
Man stelle sich eine Szene in einem Film vor, in der ein Mann die Scheide einer Frau mit einem heißen Toaster verbrennt. Oder ein Mann zu einer Frau sagt: "Ich schneide dir die Fotze heraus" und er anschließend noch von dieser getröstet würde.

- Aus dem Samstagabendprogramm vom 22.10.1994 um 20.15 Uhr
  der amerikanische Spielfilm "Der Mann im Hintergrund"

Gleich zu Beginn sieht man, wie drei Frauen über einen Mann reden. Die eine sagt: "Er ist ein Schwanzträger." Die nächste: "Aber sein Schwanz gehört mir."

- Aus dem Samstagabendprogramm vom 22.10.1994, 20.15 Uhr
  ARD: Geld oder Liebe

Jürgen von der Lippe präsentiert anlässlich der "Aktion Kinderwitze" die drei besten Witze, wobei der männerdiskriminierende Witz gewinnt (auch von Lippe persönlich als bester Witz ausgewiesen).
Sinngemäße Zusammenfassung des Witzes: Eine LP ist gespielt mit zwei verschiedenen Sachthemen. Die eine Seite mit Gymnastikübungen, die andere Seite mit Kochrezepten. Die Platte zerbricht und wird verkehrt herum zusammengesetzt. Beim Abspielen der Platte kommt nun folgender Text zustande: "Spreizen sie die Beine und rühren sie die Eier ..."

Immer mehr Frauen treten als TV-Kommissarinnen auf. Die Zeitschrift FREUNDIN schreibt darüber wie folgt:
"Jung und emanzipiert kam 1987 Olivia Pascal ins Team von SOKO 5113 ..., die TV-Kommissarinnen zwischen Mord und Totschlag sind heute einfühlsam und vermittelnd, vor allem aber sind sie selbstbewusst und kämpferisch. Sie teilen aus, können aber auch einstecken. … Mareike Carriere in der Sendung *Großstadtrevier* spielt in der Vorabendsendung zwar eine patente Beamtin, aber eher ohne Ecken und Kanten. Ihren muffeligen Kollegen Block hat Ellen nur durch stoische Geduld oder sanfte Gewalt im Griff – wohl eher ein überholtes Frauenklischee."
Das Bild der emanzipierten Frau soll betont werden: Frauen erdulden heutzutage eine für sie unbefriedigende Situation längst nicht mehr, sondern schreiten gleich lautstark und selbstbewusst ein.

Der Tipp der Redaktion der Fernsehzeitung GONG für Sonntag, den 29.12.92 Volker Bergmeister preist den Tatort-Krimi "Falsche Liebe" folgendermaßen an: Überschrift *Frauen geben den Ton an*: "Regie führte Susan Zanke, das Buch schrieb Ullie Stefan. Männer sind Handlanger, Verdächtige oder Leichen."
Muss der Film schon deshalb gut sein, weil Frauen die Hauptrollen spielen und Männer nur Handlanger sind?

3.2.4. Werbung

These: Feministinnen kritisieren, Werbung sei frauenfeindlich. Werbung ist jedoch weitaus männerfeindlicher, und zwar aus folgenden Gründen:

- Werbung wird immer mehr auf die Bedürfnisse der Frau und den männerdiskriminierenden Trend zugeschnitten.
- Der Mann wird in der Werbung immer öfter als dümmlicher Trottel dargestellt.
- Gegensatz zum Mann wird die Frau positiv dargestellt. Sie ist meist gutaussehend und erfolgreich. Sie tritt selbstbewusst auf, ist anspruchsvoll und kritisch.

3.2.4.1. Das Bild des Mannes in der Werbung

Beispiele:

- Die GELBEN SEITEN zeigen in verschiedenen Varianten, wie unbeholfen sich der Mann anstellt, wenn er ein Rollo anbringen will, das Bad kachelt usw., während die Frau unzufrieden daneben steht und gestikuliert: hätte er lieber einen Fachmann gefragt.
- Bei der Kampagne RUF DOCH MAL AN sieht man einen Mann, dessen Frau verreist ist, allein mit den Kindern Zuhause. Alles geht drunter und drüber.
- SONY: Ein junger Vater hält sein Baby hoch, das ihn gerade voll pinkelt. Sein Gesichtsausdruck lässt ihn wie einen Trottel wirken.
- Die TELECOM wirbt für ein neues Telefonmodell mit dem zweideutigen Satz: Für ihren Alten sehen wir schwarz. Unten dann weiter der Text: Haben Sie schon mal darüber nachgedacht, ob ihr Alter noch zu Ihnen passt?
- In einem TV-Spot für BURGER KING sind mehrere Männer in lächerlichen Verkleidungen auf dem Bildschirm zu sehen.
- Autoreklame TOYOTA COROLLA. Zwei attraktive Frauen sagen: "Von Durchschnittstypen haben wir genug..."
- RENAULT CLIO: (Anspielung auf die nicht vorhandenen Qualitäten des Mannes) "Vertrauen schenken moderne Evas nur ihrem Airbag." Weiter unten: "Statt mit vielen leeren Versprechungen umgibt er sie mit noch mehr Ausstattung … dabei beweist seine Zentralverriegelung mit Infrarotbedienung ausgeprägtes Fingerspitzengefühl. Kein Wunder also, dass Luftnummern da die Puste ausgeht."
- QUELLE: Eine attraktive Frau mit Stöckelschuhen und Lockenwicklern sitzt auf einer Waschmaschine. Ein Mann – gerade beim Reparieren – kniet vor dem Gerät. Werbeslogan: "Wer eine Waschmaschine kauft, bekommt einen Mann dazu."
- APOLLINARIS Mineralwasser: Ein Mann fällt aus der Hängematte.
- MC DONALDS Hamburger TS: Mann mit abstehenden Ohren isst Hamburger.
- COLGATE PRECISION Zahnbürste: 3 männliche Kahlköpfe als Zähne, die geputzt werden.

- MERCEDES: Sie wartet auf ihn. Er kommt nach Hause. "Ich hatte eine Panne mit meinem Mercedes". Sie gibt ihm eine Ohrfeige. (Mercedes: Eine Panne auf eine Million Kilometer)
- HARZER HANDKÄSE: Ein "Exhibitionist" öffnet seinen Mantel: "Der sieht aber saftig aus ... ! Und mit Kümmel drauf!" Er hat seine Innentaschen mit Handkäse gefüllt.
- PEUGEOT 806: Ein kleines Kind sagt: "Meine Mutter fährt Auto und mein Vater schnarcht."
- SAMSUNG: Man sieht einen Mann, der sich beim Anschließen seines Fernsehgerätes regelrecht "dumm anstellt." Zum Schluss fällt das gesamte Regalsystem um.
- Ein glatzköpfiger Mann wirbt für die Zinsen einer Bank. Ein anderer blickt glatzköpfig in die SONY-Glotze.
- NIVEA SOFT: "Selbst mein Freund ist ein richtiger Softie geworden"
- DUPLO: "Der neue Mieter": Ein junger Mann mit Einkaufstüten im Treppenhaus stolpert und stürzt-genau vor zwei junge Damen, die folgendes sagen: "Is was?"- "Ja, der neue Nachbar stellt sich vor." Er, peinlich berührt, richtet sich auf: "Wie wär's mit 'nem Schokoriegel?" "Die jungen Damen skeptisch und anspruchsvoll: "'nen Schokoriegel?" Er kramt aus seinen Einkaufstüten ein Päckchen DUPLO hervor. Reaktion: "Auf den Kopf gefallen ist er ja nicht."

Anstatt ihm zu helfen, machen sie sich über ihn lustig. Der umgekehrte Sachverhalt wäre als Werbekampagne nicht denkbar: Eine Frau stürzt mit ihren Einkaufstüten auf der Treppe und zwei Männer machen darüber Witze, anstatt ihr behilflich zu sein.

3.2.4.2. Das Bild der Frau in der Werbung

Und wie wird die Frau in der Werbung dargestellt? Sie sieht gut aus, ist jung, dynamisch, selbstbewusst, kalorienbewusst essend, immer auf dem Sprung, immer auf Reisen. Selbst in der banalsten Hausfrauenreklame für Waschpulver oder Putzmittel sehen Frauen immer noch gut aus, haben keine Schweinsnasen auf (VOBIS Mikrocomputer) oder fallen mit Einkaufstaschen auf die Nase (DUPLO). Beispiele:

- PEUGEOT 106: Frauen wollen einen Partner, der gut gebaut ist.
- PEUGEOT 106: Frauen wählen einen Partner, der alles gibt.

- EL VITAL präsentiert die schöne Karrierefrau ebenso wie KRÖNUNG LIGHT.
- ARIEL FUTUR (mit Ilona Christen): "... das sollen kritische Verbraucherinnen lieber mal selber testen ..."
- POMPADOUR wirbt in Zeitschriften provokativ mit selbstbewussten Frauen für Damen-Unterwäsche: "Jungs, die kein Veilchen wollen, schließen jetzt brav die Augen" oder "Ich brauche keinen Bodyguard, ich kann schon selber auf mich aufpassen."
- Die Dame von GRAND MANIER nimmt kein Blatt vor den Mund: "Ich liebe Männer, vorausgesetzt, sie fressen mir aus der Hand."
- Radio Reklame für PICARD-Taschen: "*ICH* brauche für Weihnachten keinen Mann. ICH kaufe mir selber eine Tasche von Picard."
- Ein weiteres bekanntes Beispiel ist die LÄTTA-Reklame: Er ruft sie an: "Na, du Rumtreiberin, wieder im Lande?" Sie: "Hmhm, mir ist nach 'ner Dusche, was zu Essen (Pause) und nach dir." (Man beachte die von ihr gewählte Reihenfolge). Sie öffnet den Kühlschrank, sieht die Lätta, seinen Brief und beißt in das Knäckebrot. Er: "Immer noch die Reihenfolge?" Sie (grinsend):"Bis gleich!"

Sie bestimmt, ob und wann sie ihn sehen will bzw. wie sie ihre Prioritäten setzen will. Die Umkehrung macht es deutlich: Ein Mann wird von seiner Freundin angerufen. Sie fragt, ob sie sich sehen könnten und er antwortet: "Mir ist nach 'ner Dusche, was zu essen – und nach dir". Würde er nicht aufgrund der von ihm gewählten Reihenfolge als *Macho* bezeichnet werden?

Wenn behauptet wird, solche Werbung setze die Frau als Konsumentin unter den Druck, sie müsse gut aussehen und Karriere machen, muss man sich auch umgekehrt fragen, ob sich der Mann diskriminiert oder unter Druck gesetzt fühlt, wenn beispielsweise in einem CLIFF-Werbespot für ein Duschprodukt ein gutaussehender, muskulöser Mann von einer Klippe in die Tiefe springt.

- EDUSCHO: Frauen lieben Geschenke – wenn es die richtigen sind (sie öffnet ihr Geschenk von ihm, ihr Gesichtsausdruck verrät, dass ihr das Geschenk überhaupt nicht gefällt).
- Die schlaue Frau von der CITYBANK-Reklame erklärt einem männlichen Kunden: "Also, *ICH* habe ja einen Schlüssel zu meiner Bank ..."

- Die Emanzipierte von EDUSCHO KAFFEE: "Ich bin die Frau, die alles will ..."
- CAFE HAG: Sie vertauscht die Tassen. Er: "So muss ein Kaffee schmecken." Sie: "Ja, und das ist Cafe Haag."
- FALKE: "Schafft mehr Frauenparkplätze. Wir verlosen jetzt 15 Minis"
- MERCEDES BENZ, Überschrift: "Hinter dieser Frau sind am Wochenende Dutzende von Männern her." Weiter unten: "Es ist nicht nur unfein, sondern auch regelrecht verboten, Frauen am Arbeitsplatz nachzustellen ..." Man erfuhrt dann, dass es sich um die Rennfahrerin Ellen Lohr handelt.
- LÄTTA: Sie: "Komm rüber, ich klär dich auf..."
- IKEA: Eine Frau richtet die Wohnung neu ein. Ihr Partner sitzt auf der Couch und liest Zeitung. Werbeslogan: "Vielleicht verändern Sie nicht nur ihre Wohnung, vielleicht verändern Sie ihr ganzes Leben". Daraufhin wirft sie ihn aus der Wohnung.
- Das LAND NIEDERSACHSEN wirbt als "Land mit Weitblick" für ein Existenzforderungsprogramm für Frauen: "Tja, meine Herren. Hier geht' s nicht um Sie. Hier geht' s um Frauen, die sich trauen."

Die Werbung macht sich die Tatsache zunutze, dass manche Frauen sich mit den Titeln ihrer Männer schmücken können und somit selbst an Anerkennung gewinnen. Der umgekehrte Fall würde nur lächerlich wirken: Als Zahnärztin-Mann Rüdiger Poblotzki empfehle ich Ihnen die Zahnpasta *PERLWEISS*.

Auch das Mädchenbild in der Werbung hat sich gewandelt. Zum einen dürfen sie weiter mit Puppen spielen, zum anderen toben sie auch umher, machen sich schmutzig und zeigen den Jungen, "wo' s lang geht".

- LENOR SOMMERFRISCH repräsentiert das Bild des vorlauten Mädchens: "Ich will aber das neue LENOR SOMMERFRISCH..." belehrt sie den Jungen.
- VIZIR ULTRA: Ein Mädchen klettert, hängt sich an ein Seil, macht sich schmutzig.
- SCHOKO BONS: Einige Jungen bieten Mädchen von ihren Bonbons an. Darauf diese: "Nöööhhh, eure Bonbons mögen wir heute nicht. WIR haben was Besseres" (zeigen ihre Schoko-Bons).

- SPRENGEL SCHOKOLADE: Ein Mädchen und ein Junge sitzen auf dem Ast eines Baumes. Sie gibt ihm eine Ohrfeige. Er fällt vom Baum. Dürfte das ein Junge mit einem Mädchen machen?

3.2.5. Feministische Literatur

Feministische Literatur hat folgende Merkmale:

- Aggression oder sogar Hass gegen Männer
- Weibliche Aggression oder Gewalt wird legitimiert mit der früheren Unterdrückungssituation der Frau durch den Mann im Patriarchat
- Die Frau wird vor allem in der "Opferrolle" dargestellt (Stichwörter: "kaputtrackern", "Zielscheibe männlicher Gewalt", "Zur Verfügung stehen", "Doppelbelastung"), d.h. sie hat keinerlei Schuld an ihrer Situation bzw. auch keine Verantwortung für ihr Handeln zu übernehmen
- Selbst als Ausübende von Gewalt wird ihr Verhalten durch zuvor erfahrene Demütigungen durch Männer bzw. durch das patriarchale System allgemein legitimiert

3.2.5.1. Feministische Literatur allgemein

Die führenden feministisch-soziologischen Autorinnen Benard/Schlaffer beschäftigen sich in ihrem neuesten Buch "Mütter machen Männer" mit dem Thema Sozialisation, in dem sie – "gezwungenermaßen" aus eigener Erfahrung als Mütter von Söhnen – überraschenderweise feststellen, dass Mädchen und Frauen heute in vieler Hinsicht freier sind als Jungen und Männer.[271]
Sie fragen weiter, ob es denn nicht fast ausschließlich die Frauen wären, die ihre Kinder und damit auch die Söhne erzögen und bei dieser Aufgabe offensichtlich versagten, weil sie mit dem späteren Ergebnis so unzufrieden wären.
Es wird zwar zugegeben, dass Mütter ihre Söhne verwöhnen, doch wird dies mit der weiblichen Tugend der Opferbereitschaft begründet, einem "zwanghaften Impuls zur Mütterlichkeit." [272] Weibliche Liebe könne weiterhin gleichgesetzt werden mit Nachsicht, Duldsamkeit und grenzenlosem Verständnis (vgl. Kapitel *Fehlende Eigenverantwortung).*[273]

Für die Söhne ergäbe sich daraus angeblich ein problematisches Frauenbild, nämlich das von der Frau als einer Person, mit der man alles machen könne. Die Autorinnen bedauern die meist negative Entwicklung vom Jungen zum Mann:

"Zuerst sind sie noch rührend, mit kleinen, kalten Fingern und herzerweichender Bedürftigkeit, dann plötzlich sind sie groß, laut, eingebildet und gefährlich und blicken auf alles herunter, was weiblich ist." [274]

Sie machen weiterhin folgende männernegativierende Bemerkungen – wobei sie gleichzeitig die Frau in der Opferrolle darstellen:

- "Im Kindergarten wird ein Vater, der sich zur Verfügung stellt, wie ein Held gefeiert, während die Mitwirkung einer Mutter, die doppelt so viel beiträgt wie er, für selbstverständlich gehalten wird ... . Alleinerziehende Väter können mit der Anteilnahme und der Mithilfe ihrer gesamten weiblichen Umgebung rechnen, während eine alleinerziehende Mutter sich kaputt rackern kann und dankbar sein muss, wenn sie nicht schief angesehen wird." [275]
- "... weil ein Mann ausnahmsweise mal ein winziges Bruchstückchen von dem tut, was Millionen Frauen ständig tun … ."[276]
- "Wie überall sonst in der Gesellschaft werden Männer dann zum Überfluss auch noch hier zu etwas ausgenommen Wichtigem … ."[277]
- Mangelndes Selbstvertrauen – hervorgerufen durch das patriarchalische System und übermäßige Opferbereitschaft – sei der Grund, warum Mütter ihre Söhne nicht so erzögen, wie sie es sich eigentlich wünschten. "Vom Mann enttäuscht, vom Leben unterfordert … ."[278]
- Kinder und Frauen seien die Zielscheibe von männlicher Gewalt.[279]
- Die Intensität der Beziehung zwischen Mutter und Kind werde kulturell nicht mehr gebilligt, was die Mütter nur noch mehr verunsichere. In Wirklichkeit sei sie jedoch ein Problem, das Väter im Zuge der Diskussion über sexuellen Missbrauch noch viel stärker betreffe.
- Die Autorinnen bemängeln, dass Männer allein aufgrund ihres Geschlechtes zum Rollenmodell für Söhne würden. Das sei ein Trick, mit dem sich die Väter aus der Verantwortung stehlen wollten. Sie müssten sich nicht bemühen, charakterlich nichts vorweisen, sie müssten nichts tun, nur Männer sein.[280]

Folgt man dieser Argumentation, so gilt dieser Grundsatz doch auch für das Verhältnis "Mutter-Tochter". Außerdem müsste in diesem Zusammenhang vor allem von dem gesellschaftlich wie rechtlich verankerten Mutterbonus gesprochen werden. Denn wenn es darum geht, wer das Sorgerecht für die Kinder bekommt, so ist das in der Regel die Mutter, und zwar nicht nur dann, wenn sie bessere Lebensbedingungen und mehr Kompetenz in der Erziehung aufweist, sondern allein aufgrund der Tatsache, dass sie die Mutter ist. Auch finanzielle Probleme sind kein Hindernis, wogegen solche Probleme beim Mann gegen den Erhalt des Sorgerechtes sprechen können.

- Fordern Männer eine Gleichbehandlung bei der Vergabe des Sorgerechts gehe es ihnen, so wird behauptet,[281] es gehe ihnen gar nicht um die Kinder und deren Wohl, sondern um die Fortsetzung des Machtkampfes gegen die Frau, nämlich darum, die "ungehorsame, abtrünnige Frau" zu bestrafen, indem man ihr das Kind wegnähme. Pauschal werden hier allen Männern niedere Beweggründe unterstellt, während Frauen nur das Beste für ihre Kinder wollten und stets sich selbst und ihre Bedürfnisse in den Hintergrund stellten.
- Von alleinerziehenden Müttern wird berichtet, "trotz aller Probleme und Strapazen" wäre das angenehme Klima, die plötzliche Entspannung, sehr positiv. Denn plötzlich sei keiner mehr da, "der Angst in die Wohnung bringt."[282]

Für bestimmte Argumentationen wird die Frau in der Opferrolle dargestellt, um ihr die Verantwortung für die Erziehung nicht anlasten zu müssen. Andererseits wird auf das Bild der emanzipierten Frau zurückgegriffen, wenn gezeigt werden soll, wie selbstständig und unabhängig vom Mann die Frau doch sei:

- "Die heutigen Frauen sind gebildet und selbstständig."[283] Drei Seiten später: "Ihre Liebe zu den Kindern und ihre oft mangelnde Selbstsicherheit wird dazu benutzt, sie (die Frauen) zu verunsichern."[284]
- Die Feministin Müller-Mees schreibt, es gelte grundsätzlich als sicher, was Naomi Wolf sage: "Frauen arbeiten hart. Doppelt so hart wie Männer. Das gilt für die ganze Welt und den gesamten Zeitraum der geschichtlichen Überlieferung."[285]
- Die Kinderbetreuung durch die Großeltern bezeichnet Müller-Mees als "eine Last, die in der Regel nur Frauen trügen und die die Doppelbelastung der Frauen unzulässiger Weise bis ins hohe Alter fortsetze."

Erstens gibt es auch viele Großväter, die gerne ihre Enkel betreuen, zweitens stellt eine solche Betreuung für Großmütter und -väter selten eine Belastung dar. Vielmehr bereichert es ihr Leben und ist eine Quelle der Freude. Oft hatten Großeltern als Eltern selbst zu wenig Zeit für die eigenen Kinder und wollen nun die Zeit mit den Enkeln richtig genießen. Hier wird das Vorurteil geschürt, Kinder würden nur einengen und belasten. Tatsächlich aber würden viele Frauen gerne

Berufstätigkeit gegen die Kinderbetreuung eintauschen. Bedeuten Kinder wirklich nur eine doppelte Belastung oder vielleicht auch doppelte Freude?

- Die Folgen eines männlichen Seitensprunges werden in der Zeitschrift FREUNDIN in folgender Art und Weise geschildert: *Sie ist bis ins Mark getroffen, er hat sie hintergangen, ihr Vertrauen ausgenutzt, sie unendlich verletzt, ihre Welt bricht zusammen, sie fühlt sich verraten, ausgenutzt, lächerlich gemacht.*

Im Gegensatz dazu die Darstellung des weiblichen Seitensprungs von Ingrid Füller: Im Vorwort ihres Buches zitiert die Autorin Umfrageergebnisse über das Treueverhalten in der BRD, die besagen, dass fast 60% der Frauen in der alten BRD einmal oder mehrmals während einer Liebesbeziehung fremdgingen. Diese Zahl beweise, dass Liebesaffären längst nicht mehr das Privileg der Männer seien.[286]
Laut Frau Füller haben Frauen folgende Gründe, um – wie sie sagt – in die typische Männerdomäne einzudringen: frustrierende Erfahrungen in der Partnerschaft, emotionale Defizite und Mangelgefühle, welche sie bereits über einen längeren Zeitraum hingenommen hätten. Für viele Frauen sei der Seitensprung der letzte Ausweg aus der Monotonie der Ehe, speziell im Bereich Sexualität. Es wird in diesem Zusammenhang stets nur von der Verantwortlichkeit des Mannes für diese Monotonie gesprochen (siehe Kapitel *Fehlende Eigenverantwortung* und *Fehlende Selbstkritik).*

Zur Unterstützung ihrer These zitiert sie eine Statistik, nach der 70% der Frauen in der BRD nur schwer einen Orgasmus erreichten.[287] Ein unausgefülltes Sexualleben führe zu Unzufriedenheit in der Partnerschaft und könne Motiv für einen Seitensprung sein (bei Männer, die fremdgehen, gilt diese Kontextbezogenheit nur selten).
Frauen litten jedoch – im Gegensatz zu Männern – unter heimlichen Liebesaffären; ein längerfristiges Doppelleben sei für sie belastend. Männer hätten mit dieser Spaltung keine Probleme.[288]
Frau Füller hält Frauen im Umgang mit ihrer Lust und ihren Begierden für experimentierfreudiger.[289] Dadurch stellten sie die Lust als "Domäne der Männer" in Frage.
Den Seitensprung einzig und allein wegen des sinnlichen Vergnügens sieht sie als positive Entwicklung der Frau im Zuge der Emanzipation[290], wogegen die Lust als Motiv eines männlichen Seitensprungs negativ gewertet wird. Bezeichnend für

dieses neue Selbstbewusstsein der Frau ist die Überschrift des entsprechenden Kapitels in ihrem Buch: "Was mir der eine nicht gibt, bekomme ich von einem anderen." [291]

Sie zitiert die Drehbuchautorin Joe Harriet, die in der TV-Sendung "Der heiße Stuhl" vom 7.1.92 die These aufstellt, gelegentliche Seitensprünge täten der Frau gut.[292]

Auffallend ist auch hier wieder die weibliche Doppelmoral, die den Seitensprung bei der Frau als neues weibliches Selbstbewusstsein feiert und Begründungen wie "Monotonie in der Partnerschaft" oder auch einfach nur "Lust auf Sex" gelten lässt, während für den Seitensprung des Mannes solche Gründe nicht akzeptiert werden.

Die Verantwortung für Defizite in Beziehungen liegt für Frau Füller allein beim Mann. Immerhin könnten sich Frauen heute relativ problemlos vom Ehemann trennen, wenn dieser ihnen das Leben zur Hölle mache, sich als Langweiler oder Sexmuffel entpuppe oder sonstige Eigenschaften offenbare, die sich mit den Vorstellungen der Partnerin nicht vereinbaren ließen.[293]

Die weibliche Selbstkritik bleibt außer Acht. Frauen als Langweiler oder Sexmuffel sind nicht denkbar (siehe Kapitel *Fehlende Selbstkritik*).

3.2.5.2. Kriminalromane

Es geht um einen neuen Trend in der Frauenliteratur: Bücher, in denen weibliche Hauptfiguren Gewalt gegen Männer ausüben. In den neuen Frauenkrimis werden Männer nicht mehr angeklagt, sondern umgebracht. Die weibliche Gewalt wird beispielsweise mit zuvor erlittenen Demütigungen durch einen Mann erklärt und legitimiert.

Einige Beispiele, um das Schüren des Männerhasses in diesen Büchern zu verdeutlichen:

"Sein Kopf hing schlaff nach unten. Er schien nicht bei Bewusstsein. Sein bleiches Gesicht hatte blutunterlaufene Stellen, die Kopfhaut war kahl und zeigte entzündete rote Flächen ... Auf seinen Knien lag ein Pappschild: "DIES IST EIN FRAUENHASSER, WIR HABEN IHN HEUTE SEINER GERECHTEN STRAFE ZUGEFÜHRT."

Ganz unten wieder in großen Lettern: "SO SEHT IHR BALD ALLE AUS, WENN IHR NICHT KAPIERT: WENN EINE FRAU NEIN SAGT, MEINT SIE NEIN! KOMMANDO JO ANN LITTLE."[294]

"Sie schlägt mit dem Knüppel, auch wenn der Polizist schon am Boden liegt, sie prügelt noch, als sich schon nichts mehr bewegt und nichts mehr zu hören ist, sie haut und prügelt, schlägt, dass das Blut spritzt. Sie will weiter schlagen, aber es ist nichts mehr zu treffen, es ist schade, sie möchte ihn nochmals töten.[295]

Die Motive einer Frau, die Männer ermordet, sind u.a. folgende: "Einer wollte sich mir aufdrängen, einer wollte mich bevormunden, zwei haben mich belästigt, und einer hat mich darum gebeten. Das nächste Mal ist vielleicht einer dran, der überheblich ist."[296]

In Helga Königsdorfs Buch *Meine ungehörigen Träume* kippt eine Frau ihren fetten, langweiligen Liebhaber vom Balkon.[297]

Weitere Literatur:

- Deitmer, Sabine: *Bye-bye Bruno,* Fischer Taschenbuch-Verlag
- Hahn, Ulla (1991): *Ein Mann im Haus,* Stuttgart 1991
- Gercke, Doris (1988): *Weinschröter, du musst hängen,* Hamburg 1988
- Noll, Ingrid (1991): *Der Hahn ist tot,* Zürich 1991
- Paretsky, Sara (1982): *Schadenersatz,* München 1986
- Oliver, Maria Antonia (1988): *Miese Kerle,* Frankfurt 1992
- Moser, Milena: *Gebrochene Herzen oder Mein erster bis elfter Mord,* Rowohlt-Verlag 2006
- Gisela Eichhorn: *Wenn Frauen zu sehr morden*, Fischer-Scherz 2002

Gewalttätigkeit und Mord von Frauen werden zelebriert. Die Romane sind meist nach dem Muster "Demütigung-Rache-Genugtuung" angefertigt. Die Sammlung *Wie Frauen morden* hat bereits eine Auflage von fast 200.000 Exemplaren erreicht.

3.2.5.3. Pornographie

Sonst Ausdruck von Frauenverachtung und stark kritisiert, wird pornographische Literatur jetzt, von Frauen für Frauen geschrieben, zum Ausdruck von Befreiung und "mit Lust entdeckt."[298] Es wird nun vielmehr kritisiert, wenn Männer Frauen diese neue Lust absprechen wollen.[299] Selbst brutale, grausame und lüsterne Frauenphantasien, die zum Teil auch wirklich ausgelebt sind, wie Schlagen, Inzest,

Vergewaltigung, Exhibitionismus oder Geschlechtsverkehr mit Tieren sind nun "beeindruckend."[300]

Weitere Literatur:

- Grandes, Almudena: *Lulu-Die Geschichte einer Frau;* Verlag am Galgenberg, 3. Auflage, Hamburg 1990.
- Geissler, Sina-Aline: *Erotische Phantasien von Frauen,* München 1992
- Philips, Jayne Anne: *Unzucht*
- Jong, Erica: *Moschus*
- Plath, Silvia: *Der reine Mann*

3.2.6. Die Diskriminierung der männlichen Sexualität

Die Aggressivität gegenüber dem Mann wurde bereits ausführlich dokumentiert und anhand zahlreicher Beispiele belegt. Sie manifestiert sich besonders im Bereich seiner Sexualität und zeigt sich in *Illustrierten* durch eine Wortwahl, die den Mann und dessen beschriebene Eigenschaften meist degradiert oder lächerlich macht. Die Proteste bleiben – im Gegensatz zu Fällen der sexuellen Diskriminierung von Frauen – aus, denn hinter diesem sensiblen Bereich steht bei den Männern keine Lobby, die die Verletzung der männlichen Würde einklagt. So wird der Mann auch heute immer noch qua Geschlecht verspottet.

In den Artikeln PETRA:
"Sexobjekt Mann – jetzt ist er dran" und "Wie gut ist ihr Liebster im Bett?"
wird der Mann folgendermaßen dargestellt:
Er habe keine Phantasie "im Bett", könne keine Gefühle zeigen, sei nur auf seine Karriere fixiert. Seine Qualitäten in der Sexualität werden meist negativ bewertet. Die Frau hingegen sei an jeglichem Misserfolg schuldlos oder leide sogar darunter.
Im Gegensatz dazu steht die Darstellung der Frau:

PETRA – *Artikel:* "*Das Power-Jahrzehnt*"

"Zwischen 20 und 30 hat das Schicksal ihnen einen Männerüberschuss aus dem Geburten- Zylinder gezaubert. Sie können also ohne Rücksicht auf Verluste genießen."

Wird hingegen über Frauen berichtet, werden Wörter wie schön, stark, willensstark, emanzipiert, energievoll, also angenehme und positive Bezeichnungen, gewählt.

Beispiele:

Sendung "Herzblatt" Freitag den 11.11.94 um 19.25 Uhr
Moderation: Reinhard Fendrich

Der männliche "Bewerber" fragt die drei Kandidatinnen der Reihe nach: "Wie verführst Du mich mit einem Satz?" Kandidatin 3: "Also ich glaube, ich hab da 'nen echt guten Tipp für Dich! Spieglein, Spieglein an der Wand, nimm ihn in Deine eigene Hand."

Kommentar während eines Tennisturniers am 11.11.94 zur folgenden Situation: ein Spieler schlägt den Ball mit dem Rücken zum Spielfeld durch die Beine. Kommentar: " ... da hätte er fast die Familienplanung durcheinander gebracht".

Zeitschrift PETRA: "Die *7 Todsünden in der Liebe*"

Ihre Sünden seien:

- Wenn sie ihn mit Ehemaligen vergleicht. Die Bettqualitäten der Vorgänger seien eine Bedrohung, jeder Mann scheue den Vergleich, weil er Angst habe, dabei schlecht abzuschneiden.

Obwohl es eigentlich um "ihre Sünden" geht, wird wieder der Mann negativiert. (Wie würde es ihr gefallen, beim Vergleich mit seiner Ex-Freundin schlecht abzuschneiden?)

Seine Sünden seien:

- Im Bett keine Phantasie zu zeigen

Der Mann muss etwas bringen, die Erwartungen der Frau erfüllen, aber trägt sie genug an Phantasie bei?

- Nicht schenken zu können

Für jede 2. Frau sei mangelnde Aufmerksamkeit ein Grund ihr Herz einem anderen zu schenken.
(Anm.: Der Mann muss etwas bringen, die Erwartungen der Frau erfüllen, aber was schenkt *sie* an Aufmerksamkeiten?)

- Keine Gefühle zu zeigen

49% der Frauen ärgere die "Macho-mäßige Gefühlsflucht".
(Anm.: Aber wenn *sie* Probleme hat ihre Gefühle zu zeigen, ärgert ihn dann ihre macha-mäßige Gefühlsflucht auch?)

- Die Karriere für wichtiger zu halten

Die Rolle der ewigen Nr. 2 sei für 44 % der Frauen ein Grund zur Kündigung. (Anm.: Profitiert sie nicht von den Vorteilen wie Geld, Luxus und einem bequemen Leben. Außerdem würde sie sich für einen Erfolglosen erst gar nicht interessieren.)

PETRA -*Test:* "*Wie gut ist Ihr Liebhaber im Bett?*"
"Dieser Test sagt Ihnen objektiv, ob die Sex-Qualitäten Ihres Schatzes top oder flop sind".

PETRA: "Das *Power-Jahrzehnt: Lieber gar keinen Mann im Bett als eine Nullnummer*"
Ausschnittweise hier einige Fragen und Antworten, die typisch für die Art der Berichterstattung in Frauenzeitschriften bzw. allgemein in den Medien ist, wenn es um die Sexualität des Mannes geht: In welchen Lebensbereichen und -situationen auch immer, macht *er* die Fehler – mangelt es *ihm* an Fähigkeiten – versagt *er*. Die Frau übernimmt die Rolle der Richterin über sein Verhalten.
Sie kann sich über sein Fehlverhalten empören oder über sein Versagen lustig machen. In keinem noch so sexistischen Männermagazin wird die Frau in ähnlicher Weise lächerlich gemacht.

Frage 1: Kennen Sie das? Sie denken an die vergangene Nacht mit ihm und eine Schauer jagt über Ihren ganzen Körper.
Antwort c: Ja, vor allem über mein Trommelfell, denn er hat wieder klasse geschnarcht. Antwort d: Nein, das kenne ich leider nicht, jedenfalls nicht bei ihm. Aber was nicht ist, kann ja noch werden.

Frage 2: Es gibt Stellen an Ihrem Körper, von denen sie noch nicht mal wussten, dass es Ihre erogenen Zonen sind, bis er kam.
Antwort c: Bis er kam? Ich sag Ihnen mal wann er kommt, immer zu früh. Antwort d: Vorspiel? Was soll das heißen? Bin ich denn blöd? Da schläft er doch dann sofort bei ein.

Frage 12: Wenn Sie Sex mit ihm mit Autofahren vergleichen müssten, dann ist es ... . ?
Antwort d: ....wie 'ne schöne, zünftige Reifenpanne.

PETRA: "*Sex Flops, ... was Männer bei der Premiere alles falsch machen*"
"... fummelt nicht ziellos an dir rum! .... vor allem quatscht er nicht wie ein Moderator beim Frühstücks-TV. .... Männer die meditieren, sind zumindest keine Grobiane." "Mit Liebhabern ist es wie mit Wein. Wer etwas davon versteht, merkt schon beim ersten Schluck: der taugt was und der nicht! Der bringt mich in Stimmung und der nur Kopfweh!"

PETRA: "Die *neue Erotik der Frau*"
"Frauen auf Hochtouren: Wenn er abschlafft, geht es bei den meisten Frauen erst richtig los."
"Wenn er denn wollte, wenn er denn könnte"
"Sie denken gar nicht daran, ihre lustvollen Gedanken auf einen Mann zu konzentrieren?"

PETRA: "*Sex nach Noten*"
"Sie lieben es schnell und heftig, aber ihr Lover ist ein wenig langsam...
Oder ist es umgekehrt? Sie nehmen sich gern etwas Zeit, aber der Junge kommt immer etwas plötzlich?"
"Sie wollen am liebsten öfter und gleich noch einmal, aber der Kerl schlafft ab?"

PETRA: "*Sexobjekt Mann-jetzt ist er dran*"
"Kleiner Trost für alle Schwächlinge dieser Welt: auch muskulöse Prachtkerle haben Probleme ..."

Der Mann ist in solchen Zeitschriften, die in jedem Wartezimmer ausliegen und die von Millionen von Frauen abonniert werden, nicht nur Sexualobjekt.
Seine Sexualität ist Objekt der Belustigung der Frau. Es wird über sie hergezogen, sie wird lächerlich gemacht bzw. es wird eine aggressive oder degradierende Sprache verwendet. Probleme der Frau in Beziehungen oder auf dem Gebiet der Sexualität werden hingegen einfühlsam und mit viel Verständnis geschildert.
Auch beim Thema "vorgetäuschter Orgasmus" wird allgemein immer die Frau als Leidende und Duldende dargestellt, d.h. sie simuliert einen Orgasmus, weil sie seinem Ego nicht schaden will.

Beispiel: Artikel aus der *Zeitschrift* STERN[301]
"*Die Geschichte des O (O= Orgasmus)*"
Der STERN berichtet, in ihrem Buch "Das letzte Zipfelchen der Macht" entlarve Frau Weissberg "die sexuellen Kraftmeier" als "sexuelle Hochstapler".
"Sie (Frau Weissberg; Anmerkung der Autorin) kennt kein Erbarmen in ihrem Zorn über all die Schlappschwänze, Sexmuffel und Gefühlsmimosen .... ."[302]
"Endlich im Bett mit Adonis" komme der nächste Tiefschlag. "Denn beim Griff in seinen raffiniert verschlungenen Slip und nach verzweifeltem Tasten habe sie nur ein mickriges Würstchen gefunden."
Frau Marianne Weissberg benutzt weiterhin zur Bezeichnung des männlichen Geschlechtsorgans Ausdrücke wie "Schniedelwutz" und "Pimmel". Eine Manuela äußert in diesem Buch:"...die mit der größten Klappe haben meistens den mickrigsten und bringen es im Bett überhaupt nicht."
Doch seit Frauen selbstbewusst ihr Recht einfordern würden, wenigstens einen echten Höhepunkt zu erleben – so liest man weiter in dem Artikel – sei bei vielen Männern "tote Hose". Allesamt gäben sie den Frauen nicht, was ihnen gebühre: Sex-pur, lustvoll und regelmäßig.
Die Frage, was Frauen geben, wird nicht gestellt. Beschweren sich Männer über Sexualität, so "maulen" sie.[303]
Frauen stellen Forderungen. Die Aufgabe der Männer sei es, diese hinreichend zu befriedigen. 20% der Frauen täten regelmäßig so, als hätten sie einen Orgasmus gehabt, nur, damit das Selbstwertgefühl des Mannes keinen Schaden nehme und er sich weiterhin als begnadeter Lover fühlen könne.[304]

Es geht hier nicht darum, nun der Frau die Schuld für einen ausgebliebenen Orgasmus zuzuschreiben, sondern lediglich darum, aufzuzeigen, dass immer der Mann die alleinige Verantwortung für das Ausbleiben des Orgasmus zu tragen habe, während die Frau unter der Situation leide bzw. ihm zuliebe einen Orgasmus simulieren müsse.

Was es bedeutet, wenn die Frau weniger Orgasmen hat als der Mann, beantwortet die *Zeitschrift* P.M.: "Es bedeutet, dass er (der Mann) sich ruhig ein bisschen mehr Mühe machen darf, um seiner Partnerin zu einem erfüllten Liebesleben zu verhelfen." [305]

In der *Zeitschrift* ELTERN wird das weibliche Geschlecht in dem Artikel "Gut im Bett – Egoismus pur" folgendermaßen dargestellt:

Frauen neigten dazu, sich mit anderen zu vergleichen. Beim Sex bliebe ihnen diese Möglichkeit jedoch verwehrt. Dafür habe der Partner sie, da er ja in der Regel schon mit mehreren anderen Frauen geschlafen habe. Noch immer würden viele Mädchen lernen, dass es nur für besonders gute Leistungen Anerkennung gäbe.
Dies gilt in Wirklichkeit eher für die Jungen (siehe Kapitel *Diskussion der Geschlechterunterschiede in verschiedenen Bereichen der Wissenschaft*). Liebe und Anerkennung für Mädchen gibt es hingegen in der Regel eher dann, wenn sie brav sind.

Die Herabsetzung und Entwürdigung der männlichen Sexualität durch Feministinnen wird an den folgenden Beispielen deutlich:

- Andrea Dworkin behauptet, der Mann denke sexistisch und sähe in den Frauen lediglich ein zu quälendes Sexualobjekt. "Die Realität ist, dass Männer systematisch Akte erzwungener Sexualität begehen."[306]
- Das Liebesleben des Mannes wird "zwanghaftes Koitieren" genannt, welches weniger mit Lust und viel mit Macht zu tun habe.[307]
- Alice Schwarzer schreibt in ihrem Buch "Der kleine Unterschied und seine großen Folgen", in dieser potenzwütigen Männergesellschaft müsse man nicht sehr lange nach besagtem Unterschied suchen. Er sei jedoch nicht sehr groß: im schlaffen Zustand acht bis neun Zentimeter, im erigierten sechs bis acht Zentimeter mehr. Sie bezeichnet Männer als "Zipfelträger".[308]
- In der Sendung "Lust auf Mann" vom 31.03.93 in NORD 3 wurde ein Ausschnitt aus dem damals aufsehenerregenden Frauenmagazin "Weiber von Sinnen" (von Hella von Sinnen) gezeigt, in dem, zur Belustigung des Publikums, einem nackten Mann, liegend, der Penis – an einen unsichtbaren Bindfaden gebunden – hoch und runter gezogen wurde. Hella von Sinnen legitimierte ihre Bindfaden-Aktion mit den Worten: "Jetzt machen wir es mal umgekehrt. Sonst ist immer die Frau das Lustobjekt ... ."
Um wirklich von Umkehrung sprechen zu können, hätte eine Frau schon folgendermaßen dargestellt sein müssen: Nackt, liegend, zwei Bindfäden teilen ihre Schamlippen und ziehen sie auseinander und zusammen. Diese Umkehrung der "Sinnenschen Umkehrung" entlarvt die Unmöglichkeit, eine Frau in einer derartig entwürdigenden Situation darzustellen.

Erstens wäre eine solche Szene extrem frauendiskriminierend, zweitens ist die Scheide (bzw. die Schamlippen) im Fernsehen generell ein Tabuthema und darf – Gegensatz zum Penis – nicht gezeigt werden.

Zum Interview der Zeitschrift *FOCUS*[309] mit der Feministin Marianne Weissberg mit der Überschrift: "*Die Länge des Johannes – Gezielt unter die Gürtellinie: Eine Schweizer Journalistin verspottet die Weichteile der Männer*":

Frau Weissberg setzt die Sekundärgeschlechtsteile der Frau mit den Primärgeschlechtsteilen des Mannes gleich und sagt: "Aber wenn da drüben ein barbusiges Modell posiert, gibt' s auch keinen Aufstand."
Erstens posiert das barbusige Modell freiwillig und ist – so darf angenommen werden – stolz auf seinen ästhetischen Körper (Selbstdarstellung).
Zweitens wäre das Pendant zum Penis die Scheide (bzw. die Schamlippen) der Frau und nicht die Brust. Die Scheide ist jedoch Tabubereich.
Drittens handelt es sich – wird über die Maße eines Modells geredet (obwohl natürlich in diesem Moment als Objekt gesehen) – immer um ausgewählte, attraktive Frauenkörper, die sich zur Schau stellen. Der Körper einer solchen Frau wird als ästhetisch und schön dargestellt. Das Geschlechtsteil des Mannes hingegen wird lächerlich gemacht.
Viertens ist die Aufforderung von Frau Weissberg an den Moderator zu Beginn des Interviews " … schreiben Sie doch *Ihre* Maße in den Artikel: Roger Thiede, 3 cm..." sexistisch. Eine Frau würde niemals in der Öffentlichkeit nach der Größe oder Beschaffenheit ihrer Scheide gefragt werden dürfen.

Frau Weissberg sagt weiter: "Wir Frauen können genauso gut unsere Blicke schweifen lassen. Dann stellt sich oft heraus: Die meisten Männer haben gar nicht so viel in der Hose."
Würde eine Zeitschrift wie FOCUS etwa berichten: "Ihre ist nur sehr klein und runzelig. Die meisten Frauen haben eine hässliche, verdorrte in der Hose", wäre dies ein neuer Höhepunkt der Frauendiskriminierung.

Die Geschlechtsteile von Männern können hingegen veröffentlicht werden, wie beispielsweise im STERN, in dem Bilder von Penissen den Namen von Persönlichkeiten zugeordnet werden sollen, nach dem Motto: Welcher Penis könnte zu wem gehören?

Undenkbar wäre eine Umkehrung: Sind die kleinen, rosigen Schamlippen von Frau X und die geschwollenen vielleicht von Frau Dr. Y?
Zudem benutzt Frau Weissberg in dem genannten Interview, wie auch in ihrem Buch,[310] ein entwürdigendes Vokabular für die Geschlechtsteile des Mannes: Würstchen, Schwanz, Minipimmelträger, Zukurzgekommener usw.

Fazit: Über die Beschaffenheit des Penis wird heutzutage gesprochen wie über Kochrezepte. In keinem noch so sexistischen Männermagazin wird über die Größe und Beschaffenheit von Scheiden berichtet bzw. diese abwertend, etwa als hässlich, mickrig oder runzelig, oder als generell selten voll funktionsfähig dargestellt.

Schreinemakers live vom 11.11.1992
An den Lügendetektor angeschlossen wird einem prominenten Mann unerwarteterweise unter anderem die Frage gestellt: "Sind Sie zeugungsfähig?"
Der Begriff "Zeugungsfähigkeit" impliziert erstens die Funktion der Erektion und zweitens die vorhandene Fruchtbarkeit an sich.
Die Umkehrung wäre demnach, eine prominente Frau in einer Talkshow unvorbereitet zu fragen: "Sind Sie fruchtbar?" oder "Wird ihre Scheide nass?" Auch das wäre ein neuer Höhepunkt der Frauendiskriminierung.

Bei dem Versuch einer Umkehrung fällt weiterhin auf, dass es gar keine im Volksmund bekannte Bezeichnung als Pendant für das Nasswerden der Scheide gibt. Dementsprechend gibt es auch keine Bezeichnung für das Ausbleiben einer solchen "Erektion" bei der Frau, also auch kein *Versagen* beim Geschlechtsverkehr.

Aus dem Veranstaltungskalender des Frankfurter Theaters "Die Schmiere": Titel des aufgeführten Theaterstücks: "Tragen Sie ihn links oder rechts?"
Die Umkehrung wäre, ein Theaterstück "Tragen Sie sie eingeteilt oder zweigeteilt?" zu titulieren.

Wahlplakat der GRÜNEN: In der *OP vom 13./14.2.93* wird unter der Überschrift "Bei Erregung Klappe zu" ein Photo eines Wahlplakates abgedruckt. Wie in der Abbildung unten zu sehen ist, handelt sich um eine männliche Karikatur mit erigiertem Penis, d.h. mit aufgerichtetem Geschlechtsteil. Daneben der Wahlslogan: "Kann denn GRÜN wählen Sünde sein?"

Erregte öffentliches Ärgernis: Wahlplakat der Grünen in Langen. Foto: Debes

Bei Erregung Klappe zu

Langen (lhe) – Erregung öffentlichen Ärgers haben die Grünen in Langen ausgelöst. Unter dem Motto „Kann denn Grüne wählen Sünde sein?“ hatten sie in der Haupteinkaufsstraße des Städtchens zur Wahl ihrer Partei bei der Kommunalwahl am 7. März aufgerufen. Die rhetorische Frage versahen sie mit der Zeichnung eines nackten Mannes mit aufgerichtetem Geschlechtsteil. Erregte Bürger kritisierten dies als Pornographie und forderten die Beseitigung des Ärgernisses.

Die Grünen haben inzwischen reagiert und die männliche Blöße mit einer Holzklappe verdeckt, die je nach Moralverständnis und Interesse des einzelnen Bürgers aufgeklappt werden kann, berichtete gestern der Grühen-Stadtverordnete Manfred Sapper.

Hierzu ist noch Folgendes zu bemerken: Das betreffende Wahlplakat wurde in der Zeitung abgedruckt und mit der ironischen Überschrift versehen "Bei Erregung Klappe zu". Nachdem einige Bürger ihren Unmut über das ursprüngliche Plakat geäußert hatten, brachten die GRÜNEN an der betreffenden Stelle eine Klappe an, "die je nach Moralverständnis und Interesse geöffnet werden kann", so der GRÜNEN-Stadtverordnete Manfred Sapper.

In dem Artikel der OP wird nicht auf die Verletzung der männlichen Würde durch dieses Plakat hingewiesen. Stattdessen macht man sich noch über die *Spießbürger* und *Moralapostel* lustig, die sich über das Plakat beschwert hatten. Die Umkehrung, nämlich eine derart exponierte weibliche Scheide, wäre extrem frauendiskriminierend, während die durch das Plakat betriebene männliche Diskriminierung sogar im Rahmen der Parteiwerbung unterstützt wird.[311]

Durch seine Sozialisation hat der Mann gelernt, immer *stark* zu müssen. Deshalb ist es so einfach, ihn ohne Gegenwehr gerade in seinem intimsten Bereich zu verletzen. Männer sind für ihre Situation mitverantwortlich, denn die meisten haben nicht den Mut, einzugestehen: das tut mir weh; das verletzt mich. Vielen ist, bedingt durch ihren *Gefühlspanzer* nicht einmal bewusst, was da mit ihnen geschieht. Hat aber ein Mann den Mut, seine Gefühle oder seine Hilflosigkeit zum Ausdruck zu bringen, so erntet er alles andere als Anerkennung. Viele Frauen, insbesondere Feministinnen, reagieren auf solche "Gefühlsausbrüche" beispielsweise so: "Mir kommen gleich die Tränen ..." (aus: Talkshow "Alte Oper", Moderatorin: Beate Wedekind).

Häufige Reaktion, wenn einem Fußballspieler der Ball in seine Geschlechtsteile geschossen wurde, weswegen er sich vor Schmerz krümmt, ist Häme und Bemerkungen wie etwa "das gute Stück ..." (Bemerkung eines Reporters anlässlich eines entsprechenden Vorfalls).
Kein Reporter würde Häme zeigen, würde sich eine Sportlerin am Unterleib verletzen bzw. bekäme sie sogar in den Scheidenbereich hineingetreten, nach dem Motto "ihr gutes Stück" oder Ähnliches.

Ouiz-Sendung "Null komma nix" vom 9.11.94 im BR 19.45 Uhr
Filmausschnitte vom Geräteturnen
Ein Turner verliert die Kontrolle und prallt auf das Reck. Ganz abgesehen davon, dass es sowieso nichts zu lachen gibt, wenn ein Mensch sich verletzt, wird die Szene folgendermaßen kommentiert: "Hoffentlich hat der schon Kinder ..."
Andere Szene beim Fußball: Ein Spieler bekommt den Ball aus nächster Nähe in die Geschlechtsteile geschossen Reaktion: ha ha ha
Andere Szene beim Fußball: Ein Spieler zieht während eines Zweikampfes die Hose des Gegners zur Seite, man sieht, während sie weiterlaufen, deutlich Penis und Hoden. Grölendes Gelächter.
Man stelle sich eine Turnerin beim Spagat vor, deren Slip verrutscht wäre oder ein Loch hätte, weshalb man deutlich ihre Scheide sähe. Wäre darauf die Reaktion grölendes Gelächter?

Eine amerikanische *TV-Serie auf PRO SIEBEN*:
"...seine Murmeln als Kopfschmuck nehmen und Eiersalat machen."

Sendung Geld oder Liebe vom 4.3.95, 20.15 Uhr
Moderator: Jürgen von der Lippe
"... das ist das einzige Spiel, wo man dem Gegner am Sack ziehen darf, ohne vorwurfsvolle Blicke zu ernten."

Man muss sich fragen, was schlimmer ist: Die Tatsache, dass

- ...in den vielen, überwiegend amerikanischen, Spielfilmen und Serien Männern zwischen die Beine getreten wird
- ...Feministinnen in Interviews ungestraft männerdiskriminierende Aussagen machen können
- ...in Illustrierten die Sexualität der Mannes immer öfter degradiert und diskriminiert wird oder dass
- ...trotz dieser Tatsachen, immer noch ausschließlich von der Diskriminierung des weiblichen Geschlechts gesprochen wird

Es besteht nicht nur eine *völlige Unsensibilisierung* gegenüber der Würde der männlichen Geschlechtsteile, sondern sogar ein Trend, diese als etwas Würdeloses darzustellen, in das man ohne Skrupel hineintreten oder mit dessen Verstümmelung man kokettieren kann.
Schon Kinder und Jugendliche sehen Sendungen dieser Art im Fernsehen. Welchen Eindruck müssen kleine Jungen von ihrem eigenen Geschlecht bekommen und welchen Eindruck kleine Mädchen von dem "anderen Geschlecht"?

Die feministische Taktik profitiert von der Verunsicherung des Mannes und dessen negativer Einstellung zu seinem eigenen Geschlecht, welche ihm – wie gezeigt – immer häufiger durch die Medien suggeriert wird (siehe Kapitel *Feindbild Mann).*
Aus eigener Erfahrung im Umgang mit Jugendlichen bei der *Schülerhilfe* und später als Lehrerin, kann ich den Eindruck bestätigen, dass viele Jungen keinen positiven Bezug zu ihrer eigenen Sexualität haben. Sie benutzen Ausdrücke wie *in die Eier treten*, *sich einen runterholen*, o.ä., empfinden diese als lustig, und erkennen nicht die damit einhergehende Entwürdigung ihres eigenen Geschlechts oder verdrängen sie. Damit Jungen wieder einen positiven Bezug zu ihrer Sexualität – speziell zu ihrem primären Geschlechtsteil – bekommen, ist notwendig, diesen bereits frühzeitig das Bewusstsein zu vermitteln, die Geschlechtsteile des Jungen seien wertvoll und

schützenswert, eben genauso, wie die des Mädchens, beispielsweise durch die Verwendung ästhetischer Namen für Penis und Hoden und indem Einflüssen aus den Medien bewusst entgegen gesteuert wird.

Gerade in der heutigen Zeit wird von Männern erwartet, sie sollen einfühlsam und sensibel sein. Hier kann nur die Sensibilität in Bezug auf die Frau gemeint sein. Wäre ein Mann wirklich einfühlsam und leistete sich den Luxus, das auch auf sein eigenes Geschlecht zu beziehen, würde ihm bewusst, wie er tagtäglich in den Medien degradiert und entwürdigt wird.

Zusammenfassend müsste der heutige Mann also folgende Eigenschaften haben: Er müsste sensibel gegenüber der Frau sein und einen negativen oder gar keinen Bezug zu seiner eigenen Geschlechtsidentität haben. Um den männlichen Rollenerwartungen genügen und gleichzeitig die Diskriminierung seines eigenen Geschlechts ertragen zu können, müsste er sich einen "Gefühlspanzer" zulegen. Frauenfeindliche Aktionen müsste er ablehnen, und andererseits über männerfeindliche Aktionen lachen können.

Tatsache ist, dass ein Mann erst einmal auf Unverständnis stößt, wenn er es sich leistet, bei einer als Witz getarnten Diskriminierung (z.B. "in die Eier treten"; also dem Kokettieren mit dem Verletzen von männlichen Geschlechtsteilen) nicht mitzulachen, nach dem Motto: "Ist der nicht ganz normal?" – obwohl diese Reaktion eigentlich normal wäre – oder: "Ist der aber empfindlich" – obwohl er gerade dann empfindsam wäre.

3.2.7. Krieg

3.2.7.1. Gesellschaftlicher Aspekt

Kein Bereich eindeutiger Benachteiligung des Mannes wird so bewusst verschwiegen bzw. falsch dargestellt, wie der des Durchschnittsmannes in einer kriegerischen Auseinandersetzung.
Das Los des einfachen Soldaten ohne Befehlsgewalt, dessen Name man allenfalls auf irgendwelchen Verlustlisten wiederfindet, ist nahezu ein Tabu-Thema und soll hier näher beleuchtet werden.
Natürlich bedeutet Krieg auch für Frauen ein schlimmes Schicksal. Doch ihr Leid und ihre Ängste werden – im Gegensatz zu den Schicksalen der Männer – gerade in der heutigen Zeit offen thematisiert, besonders von feministischen Autorinnen.

Beispiel: "Sie spielten auch im Krieg die ihnen zugewiesenen Rollen – als Krankenschwester, in der Verwaltung, als Köchin, als Gebärmaschine für Kanonenfutter, als Kriegerwitwe oder Kriegsbeute, als Friedensengel oder Kriegsgrund..."[312][313]
Die Rollen von Mann und Frau im Krieg werden in oben genannten Werken etwa wie folgt dargestellt: Entweder sei die Frau – als von Natur aus friedfertiges Wesen – wehrloses, unschuldiges Opfer, während Männer Verantwortliche und Ausführer von Gewalt seien, und sie somit auch die alleinige Schuld hätten an Leid und Tod. Oder aber die Frau dürfe nicht kämpfen mit Hinweis auf den notwendigen Schutz ihrer gesamtgesellschaftlich so wichtigen Reproduktionsfunktion.[314]

David Gilmores Untersuchungen jedoch weisen darauf hin, dass "Männlichkeit nichts Naturgegebenes, sondern eine kulturell erzwungene Anpassung" sei, die – betrachte man sie im Rahmen ihres Entstehungszusammenhanges – "im Dienste des Überlebens der Spezies Mensch ursprünglich eine sinnvolle Funktion erfüllte." [315] Dabei spielt die physische Überlegenheit des Mannes (mehr Muskelmasse) eine entscheidende Rolle.

Felix Stern zitiert noch andere Autoren, die annehmen, die arterhaltende Schutzpflicht des Mannes hätte sich aufgrund seiner andersartigen körperlichen Konstitution historisch entwickelt.[316]
Aggressivität und Gewalt seien demnach nur dann und nur so lange an das männliche Geschlecht gebunden, wie sie diesem in besonderer Weise zugeschrieben und demzufolge auch abverlangt werde.[317]

Bei Katastrophen und Notfallsituationen sowie im Verteidigungsfall wird bis heute vom Mann wie selbstverständlich erwartet, dass er der Rettung der Frau (und Kinder) den Vorrang lässt (Bsp. Titanic: erst mal alle Frauen in die Rettungsboote, Estonia, Achille Lauro, Prager Botschaft, China 1989, Geiseldrama im Irak).[318]
Beim deutsch-deutschen Geiseldrama in der Prager Botschaft war es selbstverständlich, Frauen und Kinder in den wenigen zur Verfügung stehenden Betten schlafen zu lassen, während die Männer im Nasskalten nächtigten.
Beim Irakischen Geiseldrama in Bagdad durften im Herbst 1990 nach und nach Frauen und Kinder das Land verlassen, während die Männer noch monatelang zurückbleiben mussten.

Um die Opfer erster Ordnung, also die Frauen, wird sich bevorzugt gekümmert, ihr Leiden wird in den Vordergrund gerückt. Die Opfer zweiter Ordnung, die Männer, werden auch beim Verteilen von Hilfsleistungen hinten nach gestellt.
Die damalige Bundesministerin für wirtschaftliche Zusammenarbeit und Entwicklungshilfe, Frau Heidemarie Wieczorek-Zeul verkündete am 16. Januar 2005, die außerordentlich hohe Hilfsleistung der deutschen Bundesregierung für die Opfer der Tsunami-Katastrophe in Südasien wie folgt zu verteilen: "Die Hilfe solle vor allem Frauen und Kindern zu Gute kommen."

Die männliche Opferbereitschaft bei Katastrophen, Evakuierungen und im Verteidigungsfall wird als selbstverständlich hingenommen und nicht mehr besonders gewürdigt.
Die Rolle des Mannes, als Schutzschild für Frauen und Kinder zu fungieren und sein eigenes Leben zurückzustellen, ist klar definiert und unumstritten, denn Frauen haben unübersehbaren Nutzen davon. Wo aber sind die Feministinnen, die diese "selbstverständlichen Männereinsätze für Frauen" *würdigen*, anstatt sie wie einen Rechtsanspruch hinzunehmen, und sie im Gegenzug sogar an anderer Stelle noch als männliches Machtgehabe zu kritisieren?

Männer sind in einer paradoxen Situation: Auf der einen Seite wird das Übernehmen der Beschützerrolle von ihnen erwartet, auf der anderen Seite nicht selten als frauenunterdrückendes Machotum abqualifiziert. Konkret heißt das: Männer müssen ihre Rolle als Beschützer erfüllen, dürfen dabei aber nicht nennenswert in Erscheinung treten.

Seine Aufgabe als Beschützer und Krieger wird dem Mann zusätzlich schmackhaft gemacht durch den "Mythos von Ruhm und Ehre", der schon seit Jahrhunderten aufrechterhalten wird. Die feministischen Äußerungen und Diskussionen zu diesem Punkt verlaufen recht kontrovers.

Ist Frau *gegen* den Einsatz von Frauen im Militär, kann sie sich auf die angenehme Rolle der Frau als die "vom Mann zu Beschützenden" zurückziehen.

Fordern Frauen weibliche Einsätze im Militär, so mit dem Argument, auch Frauen hätten das Recht, Macht auszuüben. Dabei geht es ihnen aber vor allem um das Erlangen von Führungspositionen.

Indem man sie als friedfertig hinstelle und sie auf ihre Gebär- und Reproduktionsfunktion verweise, würden sie von Machtpositionen und militärischen Gewalthandlungen ausgeschlossen, was einer weiblichen Abwertung gleichkomme. Denn Männer wollten damit angeblich die Eigenständigkeit der Frau verhindern, damit sie vom Schutz des Mannes abhängig bliebe. "Frauen sind in der Lage, sich selber zu beschützen" lautet dann auch die Feststellung der Frauen, die diese beschriebene Position vertreten.[319]
Aber wollen Frauen auch Männer beschützen, wie es umgekehrt die Normalität ist?

Krieg wird gerade von Feministinnen, die weibliche Militäreinsätze ablehnen, als "Ausleben von Aggression zwischen Männern" definiert und mit Verben wie herrschen, unterdrücken und töten negativ beschrieben, im Gegensatz zur positiven weiblichen Friedfertigkeit, an der sich der Mann als Verursacher von Krieg und Leid ein Beispiel nehmen soll.[320]

Auffällig ist, dass man männliches Kämpfen und militärische Handlungen abwertet, gleichzeitig aber Militäreinsätze auch für Frauen fordert, die dann aber als weiblich-positiv, aktiv und stark, und nicht als weibliches Machtgehabe gelten.

Soll die Frau – ob nun aufgrund ihrer Natur oder ihrer Sozialisation – als weit weniger aggressiv als Männer gesehen werden, so gilt die Behauptung, Frauen seien ebenso aggressiv wie Männer, als eine frauenfeindliche Zuordnung durch Männer.
Soll sie jedoch – ganz im Gegensatz zu der ihr zugeschriebenen größeren Friedfertigkeit – in Wirklichkeit zu genauso aggressivem Verhalten fähig sein, so zeige die gegenteilige Behauptung von Männern nur, dass diese versuchten, Frauen zu unterdrücken, indem sie sie "zur Friedfertigkeit verpflichteten".[321]

Frauen, die sich an bewaffneten Auseinandersetzungen beteiligen oder Fraueneinsätze in der Bundeswehr fordern, brechen mit ihrer traditionellen Geschlechterrolle. Diese Art von Gleichberechtigung läuft darauf hinaus, dass Frauen genau die Männerrolle übernehmen, die andere Frauen wiederum als Sinnbild des Chauvinismus kritisieren.
Außerdem wollen Frauen kämpfen *dürfen*, nicht *müssen*.

OP vom 6.10.94: "FDP will Frauen in Bundeswehr auch bewaffnen"
"Die FDP will ... die volle Gleichberechtigung von Mann und Frau auch in der Bundeswehr durchsetzen." Angeblich "bedeutet dies für Frauen die Möglichkeit, auf freiwilliger Basis Dienst mit der Waffe zu leisten".
Hier wird die Wahlmöglichkeit der Frau gleichgestellt mit den gewöhnlichen Pflichten des Mannes.
"Die FDP trete seit 1987 für diese Regelung ein und habe sie auch jetzt wieder in ihr Wahlprogramm aufgenommen." Es folgt eine zweispaltige Fortsetzung des Themas Bundeswehr, bei dem es um Bundeswehrplanung allgemein geht. Das frauenspezifische Thema war nur der Aufhänger des Artikels.

In 14 von 16 NATO-Staaten (nicht in Deutschland) werden Frauen in den Streitkräften eingesetzt und sind somit dem Mann gleichgestellt.[322]
Der Militärdienst für Männer ist jedoch obligatorisch, die Mitarbeit von Frauen freiwillig. Dies scheint ja sehr lobenswert. Aber worin besteht hier die Gleichberechtigung, wenn Männer zwangs-rekrutiert werden, während Frauen frei wählen können?

Junge Männer wurden bis zum Jahr 2011 aufgrund ihres Geschlechts zum Wehrdienst herangezogen *(Wehrpflicht)*. Dann wurde die Wehrpflicht per Gesetzesänderung *ausgesetzt*.
In der Zeit ihres Wehr-/oder Ersatzdienstes wurde ihr Recht auf Freiheit stark eingeschränkt. Das Ziel der militärischen Ausbildung war (und ist wie eh und je) "die Fabrikation des zuverlässigen Menschen als Vorbereitung auf den ... Ernstfall, nämlich das Töten des Feindes."[323]
Ein Bundeswehrrekrut des Jahres 1968 beschreibt die zu Beginn seiner Militärausbildung erfahrene Verunsicherung so: "Am Anfang, da war jeder zweite Satz: Ihr seid keine Zivilisten mehr, ihr seid Soldaten."[324]
Der Hauptzweck der militärischen Ausbildung bestand im Erlernen von schematischem und automatischem Gehorsam. Konformität trat an die Stelle von Individualität.
Menschliche Kälte, der monotone und häufig als sinnlos empfundene Kasernenalltag, sowie das Gefühl, als Person vom Vorgesetzten nicht gewürdigt zu werden, waren die Probleme vieler junger Soldaten während des Wehrdienstes.[325]
Bereits bei der Handhabung des Wehr- bzw. Ersatzdienstes wurde mit zweierlei Maß gemessen. Als Hauptargument der Frauen gegen eine Gleichbehandlung in diesem Bereich wurde immer wieder gerne angeführt, Frauen leisteten genug

durch ihre Erziehungs- und Pflegearbeit in der Familie. Sie beriefen sich hierbei wieder auf traditionelle Frauenrollen, die sie in anderen Zusammenhängen oft ablehnten. Zudem belegten Statistiken, dass die Entwicklung eher zur Ein-Kind-Familie geht, wobei durch die Aufwertung der Berufstätigkeit und Abwertung der Familienarbeit viele Frauen gar keine Kinder mehr zu versorgen hatten, ihren Nichteinsatz für den Staat aber trotzdem so legitimieren konnten.
Im Übrigen wurde eine Frau nie vom Staat gezwungen, ein Kind zu bekommen; sie konnte sich dafür oder dagegen entscheiden. Außerdem hätten – folgt man dieser Argumentationsweise – zumindest alle kinderlosen Frauen zwangsrekrutiert werden müssen.

Hier soll keineswegs der Militärdienst für Frauen gefordert werden, sondern es geht vielmehr darum, die Nachteile der Männer und die Vorteile junger Frauen in diesem Bereich aufgrund ihrer anders definierten Rolle aufzuzeigen.
Allein dadurch, dass sie mit der Verwirklichung ihrer jeweiligen Lebensperspektive früher beginnen konnten, hatten Frauen gegenüber wehrdienstpflichtigen Männern einen Berufsvorsprung von ca. 1,5 Jahren.

Wie können Frauen, die Gleichberechtigung fordern, einen zivilen Dienst bzw. ein soziales Pflichtjahr für die Frau mit dem Argument der Kindererziehung/Dienst an der Familie zurückweisen, und damit Erfolg haben? Und müsste man die finanzielle Versorgung einer Familie durch den Mann nicht auch als Dienst an der Familie bezeichnen?
Das Argument des Dienstes an der Familie trifft nicht nur für die Frau allgemein zu, gilt für Frauen, die keine Kinder oder pflegebedürftigen Eltern zu versorgen haben, sondern schließt auch Männer aus, die sich ihrerseits an einer solchen Pflege beteiligen.

Führende CDU-Politikerinnen sowie die Präsidentin des Zentralkomitees der deutschen Katholiken, Rita Waschbusch, lehnten, so wurde in einem OP-Artikel berichtet, eine Dienstpflicht für Frauen ab. Eine Dienstpflicht für alle Männer hingegen wurde "wegen der Wehrgerechtigkeit" für sinnvoll gehalten.[326]

Es ist schon bezeichnend, dass es in der Diskussion um die *Wehrgerechtigkeit* nur darum ging, dass alle Männer ihren Wehrdienst ableisten müssten. Wenn es die Aufgabe von Gleichstellungsstellen wäre, Bereiche der Benachteiligung von Mann und Frau gleichberechtigt abzubauen, so hätte in diesem Punkt interveniert werden.

Denn der Mann wurde durch seine Wehr*pflicht* gegenüber der Frau absolut benachteiligt.

3.2.7.2. Zur Berichterstattung bzw. Darstellung des Krieges

Wolfram Wette weist in seinem Buch "Der Krieg des kleinen Mannes" auf die einseitige Kriegsverherrlichung und die anonymen, zu Befehlsempfängern degradierten Soldaten hin, indem er Bertolt Brecht zitiert: "Wer baute das siebentorige Theben? In den Büchern stehen die Namen von Königen. Haben die Könige die Felsbrocken herbeigeschleppt? ... ."[327]
Eine "Militärgeschichte von unten" wie er sie nennt, würde womöglich bestimmte Legenden, wie das Bild, es sei so schön, Soldat zu sein, unwiederbringlich machen und die Wahrheiten über den Krieg ans Licht bringen.

Die Wehrmacht des 3. Reiches beispielsweise bestand aus 20 Mio. Männern.[328] 97 % waren jedoch keine Führungskräfte, sondern einfache Soldaten, mit denen sich die Militärforschung so gut wie gar nicht beschäftigt.[329] Das Schicksal des einfachen Landsers wird gewöhnlich mit dem Hinweis auf das Denkmal des "Unbekannten Soldaten" für erledigt erklärt. Das Thema "Soldaten an der Front" gehört noch immer zu den meist tabuisierten Themen.
Normales Kämpfen und Leiden im Krieg bleibt anonym und wird nicht thematisiert: Die alltäglichen Straf- und Drillrituale, Unterdrückung der eigenen Persönlichkeit durch die Vorgesetzten, Misshandlungen, die Angst vor dem Tod und dem Töten, die viele Soldaten nach Möglichkeiten suchen ließ, diesen nur schwer ertragbaren physischen und psychischen Belastungen durch Simulation, Selbstverstümmelung oder Selbstmord zu entgehen.[330]

"Ein 16-Jähriger, der noch kurz vor Kriegsende zur Wehrmacht eingezogen wurde, berichtet: Wir haben die desertierten und gefassten Soldaten, die man dann an Laternenpfählen und Bäumen auf hing, gesehen mit dem Schild: Ich hänge hier, weil ich zu feige bin, mein Vaterland zu verteidigen ... . Demütigungen waren an der Tagesordnung … Man kam sich da vor wie ein Stück Dreck."[331]
Dieser Bereich des Kriegsalltags ist bisher noch wenig untersucht worden. Wenn das Schicksal eines einfachen Soldaten einmal zur Sprache kommt, dann nur im Zusammenhang mit einer besonders heldenhaften Tat zur Aufrechterhaltung des "Mythos von Ruhm und Ehre."

Man muss sich auch fragen, was beispielsweise einen jungen Mann des 17. oder 18. oder 19. Jahrhunderts dazu veranlasst haben mag, sich freiwillig einer Militärorganisation anzuschließen. Außer der durch wirtschaftliche Not begründeten Existenzangst spielten auch der gesellschaftliche Druck, die ideologische Sinngebung und die dementsprechende Propaganda eine große Rolle (Heroismus, Feld der Ehre).

Bei den Kriegsfreiwilligen wurde der Prozess der Desillusionierung noch dadurch beschleunigt, dass das menschenverachtende (demnach männerverachtende) Führungsmittel der Misshandlung an der Tagesordnung war .

Wolf Biermann bezeichnet diesen Kriegszustand zu Recht als "Männerhölle".[332]
Erniedrigende Schikanen schienen ein fester Bestandteil der Rekrutenausbildung in der Wehrmacht gewesen zu sein, obwohl dies offiziell eigentlich unzulässig war. Ziel sei es wohl gewesen, den werdenden Soldaten "im Kern seiner Subjektivität zu treffen oder gar zu zerstören, um ihn zu einem gefügigen Funktionselement des Truppenganzen zu machen."
Für den einfachen Soldaten bestand eine Schlacht nicht aus Strategieüberlegungen und militärischen Plänen, an denen teilzunehmen manche Feministinnen heutzutage fordern, sondern aus Erdlöchern, Kälte, Krankheiten, Verwundungen, Hunger, Folter und Todesahnungen.[333]
Diese Frauen verbinden ihre Forderung nach einem Eintreten ins Militär – wie bereits erwähnt – vor allem mit dem Teilhaben an der Macht der Männer (Militär = eine Domäne der Männer). Sie beklagen, "der Zugang zu den Waffen, insbesondere die militärischen Macht- und Entscheidungspositionen", seien Männern vorbehalten.[334]
Hier wird ein ganz falsches Bild von Militär und Krieg gezeichnet.
In Wirklichkeit handelt es sich doch vielmehr um die Dominanz *einiger weniger* Männer über *alle anderen* Männer. Auf die unterste Stufe der Befehlshierarchie, in der Befehle nur noch empfangen und nicht mehr weitergegeben werden, lenken solche Frauen ihre Aufmerksamkeit nicht.

Feministinnen machen lieber auf die besonders schwierige Situation der Frau im Krieg aufmerksam. Männer müssten ihre Alltagsarbeit niederlegen, wenn sie in den Krieg zögen. Frauen hätten in solchen Fällen, so schreibt Herrad Schenk in ihrem Buch "Frauen kommen ohne Waffen"[335], "einen Teil der Arbeit von Männern, Vätern und Brüdern zusätzlich zu ihrer eigenen zu übernehmen", was von Frau

Ilse Petry von der HSFK als "Doppelt- oder Mehrfachbelastung" bezeichnet wird.[336]

Es wird in diesem Seminar von Frauen berichtet, die durch die "Abwesenheit der Männer" endlich – weg von Heim und Herd – einen Arbeitsplatz hatten, den sie aber, nach Rückkehr des betreffenden Mannes, welchen sie ersetzt hatten, wieder verloren. Es tritt völlig in den Hintergrund, dass sich der Mann in dieser Zeit an der Front befand, wo er ebenfalls Hunger zu erleiden hatte und zusätzlich noch in ständiger Todesgefahr war. Sich zu beschweren, die wenigen Männer, die überlebten, hätten nach ihrer Rückkehr den Frauen wieder den Arbeitsplatz weggenommen, grenzt schon an Unverschämtheit, wobei man sich fragen muss, ob eine Frau von damals wirklich so empfunden hat, oder ob dies nicht vielmehr aktuelle feministische Propaganda gegen den Mann ist, um das weibliche Geschlecht in den Mittelpunkt stellen.

Seitenlang beschreibt Herrad Schenk die harten Arbeitsbedingungen der Frauen in den Fabriken usw. und kritisiert dann, Frauen wären, und seien immer noch, selten beteiligt an den Entscheidungsprozessen, die zu Krieg führten.
Für die meisten Männer gilt jedoch genau das gleiche.
Im Buch von Herrn Wette finden sich viele Beispiele aus dem Leben des einfachen Soldaten.

- "Sie stehen den ganzen Tag unter Aufsicht und sind jederzeit von körperlichen Strafen bedroht."
- "Viele starben auf dem Felde und sie hatten dort oft ein besseres Sterbelager als in den Lazaretten."
- " ... da wir nun auf die Walstätte kamen, so lag nicht einer, sondern 3 bis 4 aufeinander, einige tot, einige beide Beine kurz, die Arme vom Leibe, Summa, dass ganz erstaunend anzusehen war. Nun, liebes Kind, denke einmal nach, wie uns zu Muthe muss gewesen sein, des Morgens nüchtern zur Schlachtbank hingeführt und nicht das Geringste davon gewusst. ..."
- "… mehr als 280 Kranke ... unter freiem Himmel auf der Gasse liegen blieben. In den Hospitälern war für sie kein Platz mehr und niemand wollte sie aufnehmen ... es krepierten diese Nacht mehr als 30 auf der Gasse. Seht, Menschen, soviel gelten euresgleichen im Kriege ... Seht Menschen, soviel gelten die Männer im Kriege!"[337]

Wie aufgezeigt werden konnte, waren die meisten Männer im Krieg – egal in welchem Jahrhundert – nur "marionettenhafte" Befehlsempfänger und letztlich "Kanonenfutter". Es erscheint daher anmaßend und schizophren, wenn bestimmte Feministinnen vom Krieg als Männerdomäne sprechen, in denen diese ihre Machtgelüste ausleben könnten.

Zum Abschluss dieses Kapitels möchte ich noch einmal Felix Stern zitieren, der sehr treffend das Schicksal des einfachen Soldaten beschreibt und damit die oben aufgezeigten Zusammenhänge resümiert:
"Denn keine Rollenpflicht offenbart besser als die Soldatenrolle den wahren Wert, den eine Gesellschaft ihren Menschen bei misst, wen sie als schützenswert und weniger schutzwürdig einstuft. Hierbei schneiden die Männer gegenüber den Frauen sehr schlecht ab, denn entsprechend ihrer Rettungs- und Schutzpflicht haben Männer das Leben von Frauen zu schützen, indem sie ihr eigenes einschränken oder gar aufs Spiel setzen. Die ehrenhafte Soldatenrolle, auf der einst gesamte Gefüge sogenannter patriarchalischer Gesellschaften aufgebaut war, den Familienclan gegenüber den Unbilden der Natur und vor Feinden zu schützen, entlarvt in Wirklichkeit die erbärmliche Position der Männer gegenüber der Frauenwelt. Stets wird das höherwertige Frauenleben mit dem geringer wertigeren Mannesleben geschützt."[338]

4. Aktuelle Entwicklung

Nur wenige Persönlichkeiten des öffentlichen Lebens beziehen gegen den diskriminierenden Umgang mit dem Mann Stellung. Politiker, Wissenschaftler, Journalisten passen sich meist ohne jeden Widerstand dem neuen Zeitgeist an oder nehmen diesen still zur Kenntnis, und tragen so zur Diskriminierung ihres eigenen Geschlechts bei.

Eben so wenige Presseerzeugnisse wagen Veröffentlichungen *gegen den Trend.* Zu den Ausnahmen gehören unter anderem der SPIEGEL und die ZEIT, die mutig immer wieder entsprechende Artikel im Internet veröffentlichen.

Überhaupt scheint sich das neue Medium Internet zunehmend auch zum Sprachrohr für politisch brisante Themen zu entwickeln. Ein Medium, wo die Meinungsunterdrückung – im Gegensatz zu den traditionellen Medien – nicht so gut greifen kann und zudem eine gewisse Anonymität gewährt ist.
Neue Studien belegen, besonders die nachrückende Generation sähe ihre Sichtweisen und Probleme in traditionellen Medien wenig repräsentiert und vertrete daher ihre Meinung vor allem im Internet.[339]

Beispielsweise liegt hier die Geschlechterdebatte zwischen Männerrechtlern und Feministinnen, was die Postings angeht, weit an der Spitze – noch vor dem Thema "Zuwanderung", was darauf hin deutet, dass wohl ein gewisser Klärungsbedarf vorhanden zu sein scheint.[340]

Das Portal von HANDELSBLATT UND WIRTSCHAFTSWOCHE thematisiert das Problem "Quotendruck auf Manager und Personalführungskräfte in Unternehmen" und betitelt einen Artikel vom 28.8.2012: "Ära der Diskriminierung von Männern".[341]
Für die Mehrheit der Konzerne gelte, wer die Damenwelt bei Beförderungen übergehe, der schrumpfe seinen eigenen Bonus. "Wenn ein Abteilungsleiter die Vorgabe verfehlt, muss er auf 5% der Summe verzichten", verrät Daimler Personalvorstand Wilfried Porth in einem Online-Interview.
Es wird weiter berichtet, auch EON knüpfe die variable Vergütung seiner Abteilungs- und Bereichsleiter daran, ob sie die festgelegte Frauenquote erreichten. Finanzielle Anreize für die Frauenförderung setze auch BMW. Das Thema finde sich in den persönlichen Zielvorgaben aller Kollegen.

Die höchste Frauenquote im Unternehmen habe die Telecom (30% bis 2015). In der Deutschen Bank biete man weiblichen Führungskräften Teilzeitjobs an.

Die Internetseite sciencefiles.org veröffentlicht am 30.5.2013 eine heikle Blacklist "Männerdiskriminierung an Hochschulen".
Es wird bemängelt, durch das Professorinnenprogramm – abgesegnet vom *BUNDESMINISTERIUM FÜR BILDUNG UND FORSCHUNG* sowie des NRW-Landesprogrammes zur Förderung einer geschlechtergerechten Hochschule – würden männliche Professoren an Universitäten derzeit offen diskriminiert, indem Frauen per Gesetz bevorzugt eingestellt würden. Entsprechende Diskriminierungen können gemeldet sowie Namen von Verantwortlichen, soweit bekannt, genannt werden.
Zudem ist diese Art von Förderung mit dem Argument, Gerechtigkeit herzustellen, fragwürdig. Es wäre zuvor generell zu klären, ob die Unterrepräsentanz überhaupt aus Diskriminierung resultiert: Gab es in der Vergangenheit weibliche Bewerber auf Lehrstühle, die wegen ihres Geschlechts nicht berücksichtigt wurden? Gab es überhaupt einen Bereich an Universitäten, in dem weiblichen Bewerbern ein Vorankommen mit dem Verweis auf ihr Geschlecht verwehrt worden war?

SPIEGEL ONLINE berichtet am 12.6.2014 zum gleichen Thema:
"Ein männlicher Bewerber lässt sich von der Formulierung des Ausschreibungstextes täuschen, reist aus den USA an, hält eine Probevortrag, wird von der Berufungskommission als bester Bewerber auf Listenplatz eins gesetzt" und scheitert schließlich am Professorinnenprogramm. [342]

Zu den direkten Nutznießern dieses männerdiskriminierenden Gesetzes (in diesem Fall weibliche Wissenschaftler) kommen noch Personen, die eine Position innehaben, welche die gesetzlich geschaffenen Bevorzugungen verwalten, die also indirekt profitieren. Darüber schwebt noch die Angst politischer Parteien allgemein, bei der Hauptwählergruppe Frauen Sympathien und damit Wählerstimmen zu verlieren.
Sciencefiles weist außerdem auf den nicht zu unterschätzenden psychischen Aspekt hin, dass Empfänger(-innen) von Anrechten nunmehr dachten, sie hätten *wirklich* ein Recht auf eine solche Bevorzugung.[343]

Auch immer mehr *Frauen* aus Wissenschaft und Politik lehnen mittlerweile die feministischen Feindseligkeiten gegen Männern ab, benennen Ungerechtigkeiten oder engagieren sich sogar dagegen. Sie distanzieren sich von den bewusst fehlinterpretierten oder pseudo-belegten Studien ihrer Geschlechtsgenossinnen, indem sie deren Behauptungen widerlegen und für Ehrlichkeit und Gerechtigkeit zwischen den Geschlechtern plädieren.

Dr. habil. Heike Diefenbach veröffentlichte bereits verschiedene Artikel im Netz, in denen sie auf Männerdiskriminierung hinweist, deren zunehmende Verflechtung mit der feministischen Ideologie aufdeckt und kritisiert, und deren gesamtgesellschaftlichen Folgen beschreibt.

Beispiel: Steuerfinanzierte Professuren für Gender-Studies an Universitäten
"Man kann sich kompetent mit Geschlecht beschäftigen, wenn man in den Sozialwissenschaften kompetent ist, aber man wird sozialwissenschaftlich nicht dadurch kompetent(er), dass man versucht, sich die Welt vom Gender-Konstrukt aus zu erschließen, besonders dann nicht, wenn man Gender im Zusammenhang mit einer politischen Agenda interpretiert und bearbeitet."[344]

Die ZEIT ONLINE bezieht Stellung zum Thema Genderforschung: "Schlecht, schlechter, Geschlecht"
Es wird berichtet, im Jahr 2011 hätte es 173 Genderprofessuren an deutschen Unis und Fachhochschulen gegeben, die fast ausschließlich mit Frauen besetzt wurden. Hannelore Faulstich-Wieland, Genderforscherin, Pädagogin und Gleichstellungsbeauftragte an der Hamburger Uni äußert sich besorgt zur Forderung "Mehr Lehrer/Erzieher" in Schulen und Kindergärten. Die Gefahr bestehe darin, dass "Jungen auf ein Stereotyp von Männlichkeit programmiert würden." Außerdem enthalte der Ruf nach mehr Lehrern die Unterstellung, Lehrerinnen leisteten keine gute Arbeit. Dies sei eine Abwertung der Frauen.
Die Argumentation folgt also dem bereits dargelegten gängigen ideologisierten pseudo-wissenschaftlichen Muster, das ZEIT-Autor Harald Martenstein so beschreibt: "Irgendwie scheint Genderforschung eine Antiwissenschaft zu sein, eine Wissenschaft, die nicht herausfinden, sondern mit aller Kraft etwas widerlegen will."[345]

Kurz vor Abgabe des Manuskripts stieß ich im Internet auf einen Artikel der österreichischen KLEINEN ZEITUNG über die Bewertung bei Aufnahmetests an der Medizinischen Universität in Wien. Es wird berichtet, dass erstmals in der Geschichte der Universität die Leistungen von Mädchen und Burschen aufgrund der insgesamt schlechteren Mittelwerte der Maturantinnen unterschiedlich bewertet wurden, mit der Konsequenz, dass Mädchen mit weniger Punkten aufgenommen, und Burschen mit mehr Punkten abgewiesen wurden. Aus Sicht der Vizerektorin und Genderbeauftragten eine gerechtfertigte Maßnahme. Wissenschaftsminister Karlheinz Töchterle bezieht jedoch klar Position und erklärt, dies stelle eine Diskriminierung der Burschen dar. Es müsse die Leistung zählen und nicht das Geschlecht.[346]

Die Hamburger Professorin für Wirtschaft und Politik Sonja Bischoff bezieht kritisch Stellung zum Thema "Männer und Frauen in Führungspositionen"[347], nachdem sie 1999 eine Studie zum Thema vorgelegt hatte.[348]

Auch internationale Autorinnen wie die Kanadierin Betty King, nutzen "die Meinungsfreiheit des Internets", um sich von Männerfeindlichkeit zu distanzieren: "Damals in den Siebziger- und Achtzigern war Feminismus noch kein schmutziges Wort, sondern etwas, auf das man stolz sein konnte. Jetzt wird es mit Auf-Männer-Einprügeln und Intoleranz in Verbindung gebracht. Ich schäme mich für das, was aus der Frauenbewegung geworden ist. Es ist nicht das, was ursprünglich beabsichtigt wurde, nämlich *dass einfach jeder dieselben Rechte und Pflichten hat.*[349]

Die schottische Autorin Doris Lessing beklagt 2001 öffentlich die Abwertung der Männer in unserer Gesellschaft (Bericht im: the guardian am 14.8.2001).[350]

Ganz aktuell (September 2014) berichtet das BMFSFJ auf seiner Internetseite unter der Überschrift "Gleichstellungspolitik für Jungen und Männer", viele Menschen in Deutschland betrachteten die Verwirklichung der Gleichstellung von Frauen und Männern als besonders wichtig für den sozialen Zusammenhalt der Gesellschaft. Daher fände der neue Ansatz für Gleichstellungspolitik, der Jungen und Männer ausdrücklich einbezieht, hohe Zustimmung. [351]

Über eine solche Entwicklung kann man sich nur freuen und hoffen, dass sie erst der Anfang ist auf einem Weg zu mehr Miteinander und Verständnis zwischen Mann und Frau.

5. Schlusswort und Ausblick

Wie das Buch zeigt, sind Benachteiligung aufgrund des Geschlechts, Diskriminierung von Sexualität und persönliche Entwürdigung keine weiblichen Phänomene mehr, sondern mittlerweile männliche.

Dabei spielt in unserer kapitalistischen Gesellschaft die Macht der Frau als Hauptkonsumentin und Hauptwählergruppe eine entscheidende Rolle.
Die Verflechtung von politisch-wirtschaftlichen Interessen und die durch verschiedenste subtile Mechanismen in vielen Köpfen schon – bewusst oder unbewusst – verankerte Ideologie von der Frau als dem "höherwertigeren Geschlecht", lassen dem Mann und seinem Recht auf Würde in vielen gesellschaftlich Bereichen wenig Spielraum.

Die selbstverständliche Ungleichbehandlung der Geschlechter in Politik und Medien, sowie die Rollenverteilung Männer-Täter und Frauen-Opfer, ist bereits derart tief im gesellschaftlichen Bewusstsein verankert, dass sie kaum mehr wahrgenommen und schon gar nicht hinterfragt wird.
Das gesetzlich verankerte Menschenrecht auf geschlechtliche Gleichbehandlung wird jedoch ad absurdum geführt, wenn der Frauenrechtsaspekt aus den Menschenrechten isoliert und als besonders förderungswürdig herausgestellt wird, und schließlich zu einer Frauenbevorzugung führt.

Politisches Ziel muss eine mehr integrativ ausgerichtete Geschlechterpolitik sein, die sich von radikalfeministischen Forderungen klar und deutlich abgrenzt. Etablierte Klischees, Feindbilder und Ideologien müssen über Bord geworfen werden, so dass Männer und Frauen sich wieder in einer Atmosphäre der gegenseitigen Wertschätzung, der Fairness und des Respekts begegnen können.
Sozialpolitik muss wieder allgemein Menschenrechtsaspekte in den Vordergrund stellen mit dem Ziel, möglichst vielen benachteiligten und diskriminierten Menschen beizustehen.[352]
Behörden, Verbände oder Parteien sollten ihre frauenspezifische Arbeit auf die *wirklichen* Frauenaspekte beschränken. Frauen, die dies ablehnen und weiterhin frauenspezifisch arbeiten wollten, könnten ihre Aktivitäten in nicht von Steuergeldern finanzierten autonomen Frauenprojekten einbringen.

Mit Blick auf eine zukünftige – alle benachteiligten Gruppierungen gleichermaßen berücksichtigende – Menschenrechtspolitik nach Artikel 3 Absatz 2 des GG möchte ich Sie, liebe Leserinnen und Leser, zum Schluss dieses Buches auch auf einer ganz persönlichen Ebene ansprechen und zum Nachdenken anregen:

- nutzt Medien stets reflektiert und kritisch, bildet euch eure *eigene* Meinung darüber, was richtig und was falsch ist, gerecht und ungerecht, eine *persönliche* Benachteiligung, eine Benachteiligung aufgrund des Geschlechts, oder eine Benachteiligung, die lediglich suggeriert wird
- seid fair und ehrlich und nicht auf euren Vorteil bedacht, sondern auf das, was richtig und gerecht ist, was berechtigt ist und angemessen, und setzt euch dafür ein, egal ob es die Rechte von Frau oder Mann verbessert
- grenzt euch ab von einem ideologisierenden Feminismus, der männerfeindlich und männerdiskriminierend ist und weit über das Ziel der Gleichberechtigung der Frau hinaus geht, indem ihr euch fragt: hinter welchen Forderungen stehe ich und welche sind für mich moralisch nicht mehr vertretbar?
- reflektiert, ob Männerhass und Übervorteilung der Frau ein Weg ist, den ihr persönlich gehen wollt. Seid keine Mitläufer/-innen einer Ideologie, sondern übernehmt selbst Verantwortung für eure Aussagen und euer Handeln
- entlarvt und kritisiert die in Alltag und Medien sichtbar werdende feministische Doppelmoral und fördert sie nicht

Zukünftiges Ziel kann nur ein Miteinander von Mann und Frau sein – kein Gegeneinander, und schon gar kein Separatismus.
Das setzt gegenseitigen Respekt voraus, die Anerkennung und das Verständnis der Sorgen und Nöte des Anderen, sowie die Bereitschaft, sich gegenseitig unterstützend das Recht zuzugestehen, sich als Mensch positiv entwickeln zu dürfen, egal, wie der gewünschte Lebensweg auch aussehen möge.

Literaturverzeichnis

Anastasi, A. (1959): Differential psychology. (3rd ed.) New York: Macmillan Dt. Ausgabe: Differentielle Psychologie. Weinheim: Beltz 1976

Batscheider/Lang/Petry in: Friedensforschung Aktuell, HSFK, Ausgabe 24, Winter 1990

Baumert, Jürgen: Koedukation oder Geschlechtertrennung. In: Zeitschrift für Pädagogik 38 (1992) 1, S.83-110

Badinter, Elisabeth: Ich bin du. München 1988

Belotti, Elena: Was geschieht mit kleinen Mädchen? München 1975

Benard, Cheryl/Schlaffer, Edit: Mütter machen Männer. München 1994

Benard/Schlaffer: Der Mann auf der Straße. Reinbek bei Hamburg 1984

Beyer, Wilhelm Raimund: Stalingrad. Unten, wo das Leben konkret war. Frankfurt/Main 1987

Biermann, Pieke: Violetta. Berlin 1990

Bischoff, Sonja: Männer und Frauen in Führungspositionen der Wirtschaft in Deutschland, Schäffer-Poeschel 1999

Bönt, Ralf: Das entehrte Geschlecht, Pantheon 2012

Bone, A.: Girls and Girls-Only Schools: A Review of the Evidence. Manchester 1983

Brehmer, llse: Ist Koedukation möglich? In: Schulbildung und Gleichberechtigung. Dokumentation zum internationalen Symposium des Arbeitskreises Frauenstudium, Juni 1986. Redaktion Annedore Prengel, u.a. Frankfurt/M. 1987, S.151-169

Broek van den, Jos: Verschwiegene Not. Sexueller Missbrauch an Jungen. Zürich 1993

Brown, R. (1965): Social psychology. New York: Free Press

Buber-Neumann, Margarete: Als Gefangene bei Stalin und Ritler, München 1949

Camenzind, Elisabeth: Sollen, dürfen, können Frauen aggressiv sein? in: Camenzind, E./Knüsel Kathrin (Hrsg.) 1992, S. 11-43

Czerwenka, Kurt: Schülerurteile über die Schule. Bericht über eine internationale Untersuchung. Frankfurt/M. u.a. 1990

Dale, RR: Mixed-or Single-Sex School? Bde. 3. London 1969-1974

Daly, Mary: Gyn-/Ökologie-eine Meta-Ethik des radikalen Feminismus, München 1981, S.259; zitiert von Mulack, Christa, a.a.O., S.110

Deja, Christine: Frauenlust und Unterwerfung. Geschichte der O. & 9 1/2 Wochen, Freiburg 1991

Deutscher Kinderschutzbund 1987: Sexuelle Gewalt gegen Kinder. Ursachen, Vorurteile, Sichtweisen, Hilfsangebote Dorn, Emma: Frauenschicksale in Südwest zur Zeit des großen Aufstandes, in: Kolonie und Heimat, VI Jg., Nr. 36 und 37, 1990

Dworkin, Andrea (1990): Pornographie- Männer beherrschen Frauen, Frankfurt/M. 1990

Dwyer, C.A. (1973): Sex differences in reading: An evaluation and a critique of current theories. Review of Educational Research 43

Ebbinghaus, Angelika (Hg.) (1987): Opfer und Täterinnen. Frauenbiographien das Nationalsozialismus, Nördlingen

Enders-Dragässer, Uta/Fuchs, Claudia: Interaktion der Geschlechter. Sexismusstrukturen in der Schule. Weinheim 1989a

Ender-Dragässer, Uta: Interaktionen und Beziehungsstrukturen in der Schule. Frankfurt/M. 1988

Fennema, E. (1973): Mathematics learning and the sexes: A review. Paper presented at a meeting of the American Educational Research Association. New Orleans

French; Marilyn :Jenseits der Macht. Frauen. Männer und Moral. Hamburg, 1988

Friday, Nancy (1973/1978): Die sexuellen Phantasien der Frauen. Rembek bei Hamburg 1991

Friedman, L.: Mathematics and the Gender Gap: A Meta-Analysis of Recent Studies on Sex Differences in Mathematical Tasks. In: Review of Educational Research 59 (1989), S. 185-213

Frings, Matthias: Liebesdinge. Bemerkungen zur Sexualität des Mannes. Reinbek bei Hamburg 1984

French, Marilyn: Der Krieg der Frauen. München 1992

French, Marilyn: Jenseits der Macht. Frauen, Männer und Moral. Hamburg 1988

Friday, Nancy: Die sexuellen Phantasien der Frauen. München 1991

Fuchs, Claudia/Schmidt, Petra: Weiblichkeit und Männlichkeit in den Interaktionen des Unterrichts. In: Kindermann, Gisela/Mauersberger, Barbara/Pilwousek, Ingelore (Hrsg.): Frauen verändern Schule, Berlin 1987

Füller, Ingrid: Eine Affäre in Ehren oder Warum Frauen Verhältnisse haben. Reinbek bei Hamburg

Gage/Berliner: Pädagogische Psychologie Band I: Grundlagen, Konzepte, Ergebnisse, München 1979)

Garai, J.E. & Scheinfeld, A. (1968): Sex differences in ental and behavioral traits. Genetic Psychology Monographs 77

Gilmore, David, D.: Mythos Mann. Rollen, Rituale, Leitbilder, München! Zürich 1991; Originaltitel: Manhood in the Making. Cultural Concepts of Masculinity

Gloer, Nele & Schmiderskamp-Böhler, I.: Die verlorene Kindheit. Jungen als Opfer sexueller Gewalt. München 1990

Glogger, Helmut, Maria: Der sprachlose Mann Genf 1992

Hagemann-White, Carol: Sozialisation: männlich-weiblich? Opladen 1984

Hagemann-White, Carol: Abschlussbericht: Hilfen für misshandelte Frauen, Schriftenreihe des Bundesministers für Jugend, Familie und Gesundheit 124, Stuttgart 1981

Heptings, R.: Mädchenbildung versus Koedukation. Hochschulsammlung Philosophie. Erziehungswissenschaften Bd. 2. Stuttgart 1978

Hermann, Eva: Das Eva-Prinzip, Goldmann TB 2007

Heyne, Claudia: Täterinnen. Offene und versteckte Aggression von Frauen. Zürich 1993

Hilton, T.L.; Berglund, G.W. (1974): Sex differences in mathematics achievement-A longitudinal study. Journal of Educational Research

Hollstein, Walter: Nicht Herrscher, aber kräftig. Die Zukunft der Männer. Hamburg 1988

Hofmann, Arne: Männerbeben – Das starke Geschlecht kehrt zurück, Grevenbroich 2007

Horstkemper, Marianne: Schule, Geschlecht und Selbstvertrauen. Weinheim 1987

Husen, T. (Hrsg.): International Study of Achievement in Mathematics. Stockholm 1967

Hyde, Janet. S.: How large are gender differences in aggression? A development mate-analysis. In: Developmental Psychology 1984

Janov, Arthur: Frühe Prägungen. Frankfurt/Main 1984

Janssen-Jurreit, Marielouise: Sexismus. Über die Abtreibung der Frauenfrage. München 1976

Jones, Anne (1980): Frauen, die töten. Frankfurt/Main 1986

Katz, Phyllis: The development of female identity. In: Sex Roles 5, 1979

Kauermann-Walter, J./Kreienbaum, M.A./Metz-Göckel, S.: Formale Gleichheit und diskrete Diskriminierung: Forschungsergebnisse zur Koedukation, in: Rolff, H.G./Klemm, K./Pfeiffer, H./Rösner, E. (Hrsg.): Jahrbuch der Schulentwicklung. Bd. 5, Weinheim 1988, S.157-187

Kelly, A.: Girls and Science. Stockholm 1978

Kliene, E.: Geschlechtsspezifische Leistungsunterschiede bei Abiturienten: Ausmaße, Bedingungen, Trends in: Beiträge zum Mathematikunterricht 24 (1990), S.149-152

Koch, Franz: Die Beteiligung von Krankenschwestern und Krankenpflegern an den Massenverbrechen im Nationalsozialismus S.63 in: Geschichte der Krankenpflege. Versuch einer kritischen Aufarbeitung. Hg. : Medizinisches Informations- und Kommunikationszentrum, Gesundheitsladen e.V., Berlin 1984

Kohlberg, Laurence: Zur kognitiven Entwicklung des Kindes. Frankfurt/M. 1974

Koonz, Claudia (1987): Mütter im Vaterland. Frauen im Dritten Reich. Freiburg 1991

Kricheldorf, Beate (1998): Verantwortung-Nein Danke! Weibliche Opferhaltung als Strategie und Taktik, RG Fischer- Verlag

Kroener, R.: Die personellen Ressourcen des Dritten Reiches im Spannungsfeld zwischen Wehrmacht, Bürokratie im 2. Weltkrieg. Bd. 5/1: Organisation und Mobilisierung des deutschen Machtbereichs. Stuttgart 1988

Lahne, Werner: Unteroffiziere. Werden, Wesen und Wirkung eines Berufsstandes. München 1965 in: Soldat-ein Berufsbild im Wandel. Bd. 1, Unteroffiziere. Hrsg. im Auftrag des Deutschen Bundeswehr-Verbandes von Manfred Grotzki, Paul Klein und Horst Rhode. Dortmund 1989

Lange-Ernst, Maria-Elisabeth: Frau, du bist besser, Peter-End-Verlag 1995

Laukhard, Fr. Chr.: Leben und Schicksale von ihm selbst beschrieben. Leipzig 1955

Lee, V.E./Bryk, A.S.: Effects of Single-Sex Secondary Schools on Student Achivement and Attitudes. In: Journal of Educational Psychology 78 (1986)

Lee, V.E./Lockheed, M.E.: The Effects of Single-Sex Secondary School Experience on Attitudes, Behaviours and Values in College, In: Journal of Educational Psychology 82 (1990), S.578-592

Lessing, Doris: Gespräch mit Gabriele Dietze in: Neue Rundschau, Heft 3/1981 zitiert nach Schenk

Lott, Bernice: Becaming a woman. The Sozialisation of Gender. Springfield 1981 Lynn, D.B. (1972): Determinants of intellectual growth in woman. School Review 80

Maccoby, E.E. (1966): Sex differences in intellectual functioning. In: Eleanor E. Maccoby (Ed.): The development of sex differences. Stanford, Calif: Stanford University Press

Maccoby, E.E.; Jacklin, C.N. (1974): The psychology of sex differences. Stanford, Calif.: Stanford University Press .

MacDonald, Eileen (1991): Erschießt zuerst die Frauen; deutsch: Stuttgart 1992

Mamozai, Martha: Am Anfang war die Gewalt-Sklavenhandel und Konquista, S. 33 in: dies., Komplizinnen, Reinbek bei Hamburg 1990, S. 33-54

Marvasti, J. (1986): Incestous mothers. Amaerican journal of forensic psychiatry, S.63-69 in: Heyne, Claudia 1993

Martial, I. von: Koedukation-Vorteile für Mädchen? In: Recht der Jugend und des Bildungswesens 36 (1988), S. 56-63

Massow, Martin: Nach dem Feminismus. Perspektiven für eine neue Partnerschaft. Düsseldorf 1991

Masters, WH (1986): Sexual dysfunction as an aftermath of sexual assault of men by women. Journal of sex and marital therapy 1986, S. 35-45

Matussek, Matthias: Die vaterlose Gesellschaft, Rowohlt 1998, S. 44

Mead, M. (1935): Sex and temperament in three primitive societies. New York: Morrow.- Dt. Ausgabe: Jugend und Sexualität in primitiven Gesellschaften. München: dtv 1970.

Meryn, Siegfried u.a.: Der Mann 2000, Ueberreuter 1999, S. 24

Metz-Göckel: Licht und Schatten der Koedukation. In: Zeitschrift für Pädagogik Nr. 4, 1987

Meulenbelt, Anja: Wie Schalen einer Zwiebel oder Wie wir zu Frauen und Männern gemacht werden. 2. Auflage. München 1988 (zuerst 1984)

Miller-Gearhart, Sally: The Future-If There is One-Is Female, in: McAllister, Pam (Hg.) (1982): Rewaeving the Web of Life, Philadelphia 1982, zitiert nach Keen, Sam (1991): Feuer im Bauch, Bergisch-Gladbach 1992, S. 271

Moss, H.A. (1967): Sex, age and state as determinants of mother-infant interaction, Merrill-Palmer Quarterly

Mulack, Christa: Natürlich weiblich: die Heimatlosigkeit der Frau im Patriarchat. Stuttgart 1990

Mühlen-Achs: Der Andro-Zentrismus in der empirischen Schulforschung. In: Zeitschrift für Sozialisationsforschung und Erziehungssoziologie Nr.1, 1986

Müller-Mees, Elke: Die aggressive Frau, Stuttgart/Wien 1993

Müller-Münch, Ingrid: Die Frauen von Majdanek. Vom zerstörten Leben der Opfer und der Mörderinnen, Reinbek bei Hamburg 1982

Müller-Walde, Katrin (2005): Warum Jungen nicht mehr lesen

Münchener Frauenzentrum (Hrsg.): Frauenjahrbuch 1976 München 1989, S.69-73

Nash, S.C. (1979): Sex role as a mediator of intellectual fonctioning. In: M.A. Wittig, A.C. Peterson (Eds.): Sex-related differences in cognitive functioning. New York: Academic Press

Newson, John!/Newson, Elisabeth: Seven Years Old in the Horne Environment. London 1979

Ormerods, M.B. : Subject Preference and Choice in coeducational and Single-Sex Secondary Schools in: British Journal of Educational Psychology 45 (1975), S.257-267

Ostbromk-Fischer, Elke: Pädagogik oder Femagogik. In: pädextra 5/1991, S.28-32

Overmans, Rüdiger: Die Toten des 2. Weltkrieges. Bilanz der Forschung unter Berücksichtigung der Wehrmacht- und Vertreibungsverluste. In: Der Zweite Weltkrieg. Analysen, Grundzüge, Forschungsbilanz. Im Auftrag des Militärgeschichtlichen Forschungsamtes, hrsg. von Wolfgang Michalka, München/ Zürich 1989, S.858-873

Petillon, Hans: Der unbeliebte Schüler, 1978 Polizeiliche Kriminalstatistik für das Jahr 1990. Wiesbaden 1991 Preuss-Lausitz, Ulf: Die Kinder des Jahrhunderts: Zur Pädagogik im Jahr 2000. Weinheim, Basel 1993

Pinker, Susan: Das Geschlechterparadox- Über begabte Mädchen, schwierige Jungen und der wahren Unterschied zwischen Mann und Frau, München 2008

Prengel, Annedore: Der Beitrag der Frauenforschung zu einem anderen Blick auf die Erziehung von Jungen, In: Sozialmagazin 15 (1990) 7/8, S.36-47

Preston, R.C. (1962): Reading achievement of German and American children. School and society 90

Rhan, Ulla: Fuck & Go, Eichborn 2005

Remschmidt, H./Schmidt, M.H.: Kinder-und Jugendpsychiatrie in Klinik und Praxis. Bd. III, Stuttgart

Samuel, Pierre: Amazonen, Kriegerinnen und Kraftfrauen. München 1979

Schenk, Herrad: Frauen kommen ohne Waffen-Feminismus und Pazifismus. München 1983

Schenk, Herrad: Die feministische Herausforderung. München 1988

Schmauch, Ulrike: Anatomie und Schicksal-Zur Psychoanalyse der frühen Geschlechtersozialisation. Frankfurt/Main 1987

Schnack,D./Neutzling, R.: Kleine Helden in Not-Jungen auf der Suche nach Männlichkeit. Reinbek bei Hamburg 1990

Seeland, Suzanne: Koedukation nützt nur den Männern. Die Erfahrungen amerikanischer Frauencolleges in: Frauenforschung 3/1986, S.97-105

Seidler, Franz: Prostitution, Homosexualität, Selbstverstümmelung. Probleme der deutschen Sanitätsführung 1939-1945. Neckargemünd 1977

Sherrnan, J.: Sex-related cognitive differences. An essay on theory and evidence. Springfield. 1978

Sichrowsky: Krankheit auf Rezept. Die Praktiken der Praxisärzte. Köln 1984

Smith, M.P. (1972): He only does it to annoy . ... In: Scarvia B. Anderson (Ed.): Sex differences and discrimination in education. Worthington, Ohio: Charles A. Jones

Speichert, Horst: Schulangst. Reinbek 1979

Spender, Dale: Invisible Women-The Schooling Scandal (deutsch: Frauen kommen nicht vor) Frankfurt 1985

Stafford, R.E. (1961): Sex differences in spatial visualization as evidence of sex-linked inheritance. Perceptual and Motor Skills 13 Stafford, R.E. (1972):Hereditary and evironmental components of quantitive reasoning. Review of Educational Research 42

Statistisches Bundesamt, Fachserie 11, Reihe 1, 1986. In: Schnack/Neutzling S. 142

Statistisches Bundesamt, Fachserie 12, Reihe 4, 1987. In. Schnack/Neutzling, S. 105

Steedman, J.: Examination Results in Mixed and Single-Sex Secondary Schools, In: Reynolds, D.:Study School Effectiveness. Philadelphia: Falmer 1985, S-87-101

Stern, Felix: Und wer befreit die Männer. Frankfurt/M.-Berlin 1991

Strobl, Ingrid: Sag nie, du gehst den letzten Weg. Frauen im bewaffneten Widerstand gegen Faschismus und deutsche Besatzung. Frankfurt 1989

Strunk, Peter: Pathologische Familiendynamik bei Kindesmißhandlungen in Olbing,H./Bachmann, K.D./Gross, R.: Kindesmißhandlungen – Eine Orientierung für Ärzte, Juristen, Sozial-und Erziehungsberufe. Köln 1989

Svensson, A. (1971): Relative achievement: School performance in relation to intelligence, sex and home environment. Stockholm: Alrnquist &Wicksell

Tieger, T.: On the biological basis of sex differences in aggression. Child development, 51:943-983, 1980

Thürmer-Rohr, Christina: Vagabundinnen. Feministische Essays. Berlin 1987, S.84

Trömel-Plötz: Gewalt durch Sprache. Die Vergewaltigung von Frauen in Gesprächen, Frankfurt 1987 Trömel-Plötz in: Brehmer, Ilse: Sexismus in der Sprache. Weinheim/Basel1982

Trube-Becker, Elisabeth: Frauen als Mörder. Frankfurt/Main 1986

Tyler, L.E. (1965): The psychology of human differences (3rd ed.). New York: Appleton-Century-Crofts

Vilar, Esther: Der dressierte Mann. Das polygame Geschlecht. Das Ende der Dressur, München, 1987)

Walker, Lenore: The Battered Woman. NewYork 1979

Wandel, Elke (Hg.): Witwen und Töchter an der Macht. Politikerinnen der Dritten Welt. Reinbek bei Hamburg 1991

Weissberg, Marianne: Das letzte Zipfelchen der Macht, Rastatt 1993, Hestia-Verlag

Wette, Wolfram (Hrsg.): Der Krieg des kleinen Mannes. Eine Militärgeschichte von unten. München

Williams, John E.:Traits associated with men and women, attribution by young children in France, Germany, Norway, the Netherlands and ltaly. In: Journal of Cross Cultural Psychology 12, 1981

Windaus-Walser, Karin (1990): Frauen im Nationalsozialismus. Eine Herausforderung für die feministische Theoriebildung, S.60 in: Grabenhorst, L. und Taschmurat, C. 1990, S.59-72

Zeitschrift EMMA, Ausgabe 4/87

Zeitschrift für Pädagogik 38. Jahrgang 1992 Zeitschrift

---

1 L.E.Tyler 1965/Maccoby 1966
2 Dwyer 1973, S.455-467
3 Preston 1962, S. 350-354
4 Maccoby 1966 /Fennema 1973 /Hilton und Beiglund 1974
5 Svensson 1971
6 Stafford 1961, S. 428
7 Maccoby 1966/D.B. Lynn, 1972, S. 241-260
8 Garni und Scheinfeld 1968, S.l69-299
9 Gage /Berliner
10 Nash 1979
11 Stafford 1972
12 Carol Hagemann-White 1984
13 Mead 1935
14 Brown 1965/Hagemann-White a.a.O.
15 Tieger 1980, S. 943-983
16 Hagemann-White, a.a.O, S. 18f
17 Hagemann-White, a.a.O, S.36/37
18 Pressemeldung der Universität Ingolstadt-Eichstätt, in: Arne Hofmann 2007, S.38/39
19 Maccoby 1966
20 Anastasi 1958
21 Brown 1965
22 Maccoby 1966
23 Maccoby 1974
24 Moss 1967, S. 19-36
25 Smith 1972
26 Maccoby 1972
27 vgl. Prengel 1990
28 Belotti 1975
29 Lott 1981, S.32
30 Hagemann-White a.a.O., S. 324-325
31 Newson/Newson 1976
32 ebd;
33 Hagemann-White, a.a.O., S.59
34 ebd; S.62
35 Schmauch 1987

36 Schnack/Neutzling 1990, S.65
37 vgl. Enders-Dragässer 1989a
38 Sherman 1978, S.172
39 ebd.
40 ebd., S.43f
41 Hagemann-White, a.a.O., S.44/45
42 ebd., S.45
43 Walker 1979
44 Hagemann-White, a.a.O., S.45f
45 Abschlussbericht: Hilfen für misshandelte Frauen 1981; 1981-1983
46 Hagemann-White, a.a.O., S.91
47 ebd., S.95
48 Seeland 1986
49 Mühlen-Achs 1986
50 Spender 1982
51 Preuss-Lausitz 1993, S.153
52 Enders-Dragässer/Fuchs 1988/1989
53 u.a. Martial von 1988; Kauermann-Walter 1988, S. 971
54 vgl. Gage/Berliner 1979
55 Brehmer 1982 und 1987; Metz-Göckel1987; Enders-Dragässer 1988 und 1989; Faulstich-Wieland 1989 und 1991
56 Gage/Berliner 1979, S.407
57 Statistisches Bundesamt 1986
58 Shell-Studie zitiert aus: Arne Hofmann 2007, S.188
59 Internet- Artikel aus der ZEIT Nr. 02/2014:Not am Mann-Das geschwächte Geschlecht von Elisabeth Raether und Tanja Stelzer
60 vgl. Goddar, Jeanette: Mädchen auf der Überholspur. In: Das Parlament Nr. 39 vom 25.9.2006
61 http://www.zeit.de/2002/31Wissen/200231_b-schuljungen.html.
62 vgl. Schnack/Neutzling 1990, S.69
63 vgl. Schnack/Neutzling 1990, S.70
64 Remschmidt/M.H. Schmidt 1985
65 Statistisches Bundesamt 1987
66 Internet- Artikel aus der ZEIT Nr. 02/2014:Not am Mann-Das geschwächte Geschlecht von Elisabeth Raether und Tanja Stelzer
67 ebd.
68 Schnack/Neutzling, a.a.O., S.110
69 Horstkemper 1987
70 Remschmidt/Schmidt 1985
71 Schnack/Neutzling, a.a.O., S.137
72 Speichert 1979
73 Ostbronk-Fischer 1991
74 Zeitschrift für Pädagogik. 38. Jahrgang 1992
75 Bone 1983; Steedman 1985; Husen 1967; Kelly 1978; Lee/Lockheed 1990, S. 578-592
76 Heptings 1978
77 Czerwenka u.a. 1990
78 Enders-Dragässer 1989
79 Petillon 1978
80 Czerwenka 1990
81 Husen 1967,2. Band, S.259f
82 Dale 1974, S.146-169
83 Ormerods 1975
84 Baumert 1992, S.92ff
85 ebd.; Abbildung 7-10, S.103
86 ebd.; S.105
87 ebd.; S.105
88 Friedman 1989; Hyde u.a. 1990; vgl. auch Klieme 1990
89 vgI. Husen 1967; Lee/Bryk 1986
90 Hagemann-White, a.a.O., S.72
91 Williams u.a. 1981

92 Katz 1979, S.165
93 Hagemann-White, a.a.O., S.102
94 Preuss-Lausitz a.a.O., S.162
95 Müller-Walde, Katrin, 2005
96 Hofmann, Arne 2007, S. 187
97 http://manndat.de/
98 Zeitschrift P.M., 93/032, S. 53
99 ebd., S. 55
100 ebd., S. 56
101 ebd., S. 55
102 Mulack 1990, S.64
103 ebd., S.156
104 ebd., S.152
105 ebd., S.130
106 Lange-Ernst 1995
107 vgl. Buber-Neumann 1949; Windaus-Walser 1990
108 Mulack, a.a.O., zitiert nach:Wisselinck, Erika, S.49
109 Mulack, a.a.O, S.64, vgl.:Sichrovsky, S.162
110 Mulack, a.a.O., S. 64, zitiert nach:Hollstein, S.135
111 Stern 1991, S.216
112 ebd., S.215
113 Mulack, a.a.O., S.66
114 ebd., S.68
115 ebd., S.69
116 Mulack, a.a.O., S.116 zitiert Irigaray, Luce, S.66
117 ebd., S.54 zitiert nach:Thürmer-Rohr, S.84
118 ebd., S.54
119 Mulack, a.a.O., S.110 zitiert nach:Singer in:Daly, Gyn/Ökologie, S.259
120 Thürmer-Rohr, a.a.O., S.88
121 ebd., S.114
122 Focus vom 7.4.2008 Geschlechter/Sie können, doch sie wollen nichts" zitiert Pinker
123 Wikipedia fasst zusammen aus: Pinker, Susan: Das Geschlechterparadox, 2008
124 Wikipedia fasst zusammen aus: Pinker, Susan: Das Geschlechterparadox, 2008
125 Stafford 1972, S. 183-201
126 Brown 1965
127 Maccoby 1966
128 Bone, 1983; Steedman, 1985, etc.
129 Husen, 1967; Dale, 1974
130 Schmauch 1987
131 Schnack/Neutzling 1992
132 Remschmidt/Schmid, 1985
133 Mulack, a.a.O.
134 Meulenbelt 1988
135 Pinker 2008
136 Glogger 1992, S. 17/18
137 Börsenverein des Deutschen Buchhandels e.V, Blatt 16, aus Glogger 1992
138 Allensbacher Werbeträger-Analyse West/Ost 1993
139 http://www.buchmesse.de/images/fbm/dokumente-ua-pdfs/2013_42645.pdf
140 http://www.ffa.de/downloads/publikationen/kinobesucher_2013.pdf
141 http://www.digitalfernsehen.de/Frauensenderin-Sixx-zieht-nach-erstem-Jahr-positive-Bilanz.55420.0.html
142 Aussage von Sabine Eckhardt,Vorsitzende der Geschäftsführung, in: ebd.
143 OP vom 13.9.94
144 http://www.axelspringer-mediapilot.de/dl/127985/BILDderFRAU-Medien-Markenwert2007.pdf
145 OP vom 27.5.94
146 Bericht: OP vom 15.3.93
147 Bericht: Frankfurter Rundschau vom 23.4.93
148 Stern 1991, S. 260
149 ebd., S. 261
150 Frankfurter Rundschau vom 22.2.1990: "Goethe-Universität will Benachteiligung von Frauen abbauen"

151 Bericht: OP vom 13./14.11.93
152 Frankfurter Rundschau vom 14.11.88, "Die GRÜNEN fordern eine frauenfreundlichere Stadt"
153 FAZ vom 24.7.85
154 vgl. Artikel OP vom 28.10.94:"SPD/GRÜNE bestehen auf eine zweite Frauenbeauftragte"
155 Zeitschrift STERN, Ausgabe 50/93
156 AFP-Infografik aus der OP vorn Februar 1995
157 OP vom I5.1l.93
158 Massow 1991, S.121
159 google.com/photos/Die Gruenen
160 Hofmann, S.199/200
161 http://bettinaroehl.blogs.com/bettinaroehl/2005/04/gender_mainsre.html, zitiert in: Hofmann 2007
162 Zeitschrift Spiegel 37/98, S. 257
163 Meryn 1999, S.24
164 http://www.frankfurt.de/sixcms/detail.php?id=21969925
165 http://www.sozialministerium.at/site/Soziales/Maenner/
166 P.M. Sonderheft "Mann und Frau", 93/032
167 Kommunales Frauenbüro der Landeshauptstadt Wiesbaden:"Mach mich nicht an!", Wiesbaden, 1990; zitiert nach: Stern 1991, S.227
168 Anzeige: Plärrer, Städtemagazin, Nürnberg 7/1989, zitiert nach: Stern 1991, S.228
169 Elisabeth Cady Stanton in: Benard/Schlaffer, 1994, S.53
170 Camenzind 1992
171 French, Marilyn 1988
172 Dworkin 1987, veröffentlicht im EMMA-Verlag
173 Frauenvorlesungsverzeichnis Sommersemester 1995, Universität Frankfurt, S.97
174 Miller-Gearhart 1982
175 Stern 1991, S. 230 f
176 Benard/Schlaffer 1994, S.53
177 Benard/Schlaffer 1994, S.135
178 vgl. Gerst, M.:Hilfe, ich bin ein Mann!, Die Zeit Nr.29 vom 14.7.89
179 Müller-Mees 1995, S.43 ff
180 ebd; S 45
181 ebd; S.44
182 ebd; S.113
183 aus: Schenk, Herrad 1988
184 Münchener Frauenzentrum in: French, Marilyn 1988
185 Schenk, Herrad 1988
186 aus: Massow 1991
187 Zeitschrift EMMA, Köln, Ausgabe April 1987
188 Glogger, a:a.O., S.82
189 ebd., S.83
190 http://frau-kino.de/news/cinelady-ladykino-und-ladies-night-fur-alle-etwas-dabei
191 Massow, a.a.O., S.161ff
192 http://www.morgenpost.de/content/2003/08/30/ttt/625927.html.
193 Elisabeth Raether/Tanja Stelzer: Artikel im Internet aus der Zeitung ZEIT Nr. 02/2014
194 Internetblog Genderama zitiert Sonntagszeitung v. 5.11.2005
195 Artikel aus der Zeitschrift STIL vom 26.2.2012
196 Bönt, Ralf 2012
197 Camenzind 1992
198 vgl. Mulack 1990; Miller-Gaerhardt 1982; Janssen-Jurreit 1976; Camenzind 1992
199 Hofmann 2007, S. 173
200 ebd.
201 Hofmann, S. 175-178
202 Benard/Schlaffer 1994, S.53
203 vgl. Tanner 1970; Mamozai 1990; Wandel 1991, S. 208f; Schenk 1983; Strobl 1989; Mac Donald 1992
204 Lessing 1981 zitiert nach Schenk 1983, S.88f
205 vgl. Strunk, Peter 1989, S. 41 in: Heyne 1993, S. 257
206 Polizeiliche Kriminalstatistik für das Jahr 1990, Wiesbaden 1991 in Heyne, S. 257
207 Gloer, Nele & Schmiederskamp-Böhler 1990 in: Heyne, S. 267
208 Marvasti (1986) und Masters (1986) in: Heyne, S. 267

209 Carola Meier-Seethaler in: Camenzind 1992, zitiert nach Heyne, a.a.O., S.22
210 Janssen-Jurreit 1976 in: Heyne 1993, S.26
211 vgl. Stern 1991
212 Jones 1980
213 ebd., S.166
214 Müller-Mees, a.a.O., S.198
215 ebd., S.201f
216 ebd., S.205
217 Heyne, a.a.O., S.276 zitiert nach Heyne 1993
218 vgl. Deutscher Kinderschutzbund 1987; Gloer & Schmiderskamp-Böhler 1990; Broek, van den 1993
219 vgl. Strunk 1989; Polizeiliche Kriminalstatistik für das Jahr 1990
220 Schmerl, Christiane, zitiert in Heyne, a.a.O., S.85
221 Gilmore 1990, zitiert in Heyne, a.a.O., S.85
222 Koonz 1987, S.189
223 ebd., S.16 und S.164
224 Heyne, a.a.O., S.148f
225 aus dem Seminar "Gewalt und Frieden-Männer und Frauen", Uni Frankfurt, Sommersemester 1993
226 Müller-Mees, a.a.O., S.40
227 ebd., S.39
228 ebd., S.39
229 ebd., S.39
230 ebd., S.38
231 ebd., S.13
232 Füller 1992
233 Hofmann 2007, S. 41
234 die Münchener Psychologin Brigitte Lemmle in: PETRA
235 der Psychologe Konrad Spei in: PETRA
236 Kricheldorf 1998
237 Müller-Mees, a.a.O., S.1993
238 ebd., S.132
239 ebd., S.133
240 ebd., S.135
241 ebd., S.58f
242 ebd., S:252f
243 ebd., S.252
244 ebd., S.254
245 ebd., S.255
246 Bericht Frankfurter Allgemeine-Wirtschaft vom 8.10.2009
247 Zeitschrift P.M., Heft 93/032
248 Zeitschrift FOCUS, Ausgabe 48/93
249 Zeitschrift GONG vom 17.3.95
250 Friedrich Jahresheft VII; Artikel "Feminin-maskulin"
251 Trömel-Plötz in: Brehmer, llse 1982, S.191
252 Trömel-Plötz 1987
253 Trömel-Plötz in: Brehmer, llse, a.a.O., S.192
254 ebd., S.192
255 ebd.
256 z.B. Wieck, Wilfried 1988
257 z.B. Frings 1984; Friday 1991
258 *OP vom 25.4.1993*
259 Internet-Blog von Cornelia Pieper (www.cornelia-pieper.de/blog/) zitiert aus. Hofmann 2007
260 zitiert aus: Hofmann 2007, S.139/140
261 ebd. S. 140
262 Vilar, Esther 1987
263 Hermann, Eva 2007
264 Internet-Gästebuch der Zeitschrift Emma zitiert aus: Hofmann 2007, S. 126/127
265 Hofmann 2007, S. 127/128
266 ebd. S. 157
267 Bericht aus: Christ und Welt, Ausgabe 07/2012

268 Süddeutsche Zeitung, Artikel vom 19.5.2011

269 aus dem Seminar "Lernprojekte für Erwachsene - Übungen für die außerschulische Bildungsarbeit; Wintersemester 1992/93, Universität Frankfurt

270 Fernsehmagazin "Exklusiv", RTL2, vom 25.10.1994

271 vgl. Benard/Schlaffer 1994

272 ebd., S.47

273 ebd., S.46

274 Matussek 1998, S. 44

275 ebd., S.103

276 ebd., S.104

277 ebd., S.105

278 ebd., S.155

279 ebd., S.163

280 ebd., S.132

281 ebd., S.155

282 ebd., S.159

283 ebd., S.116

284 ebd., S.119

285 Müller-Mees, a.a.O., S.156

286 Füller 1992

287 Raboch in: Sexualmedizin 3/87, zitiert in: Füller 1992

288 die Psychotherapeutin Steinbrecher, Sigrid in: Der Seitensprung - oder sexuelle Untreue, NDR4 Rundfunksendung vom 13.5.91

289 Füller, a.a.O., S. 90

290 ebd. S. 79

291 ebd., S.91

292 ebd., S.159

293 ebd. S. 181

294 Biermann 1990

295 Lubuse Monikova, dtv Taschenbuch-Verlag

296 Katrin & Eric Skaftes: Lauter ganz normale Männer. Ein Krimi - nur für Frauen, Fischer-Verlag

297 Helga Königsdorf: Meine ungehörigen Träume, Aufbau-Verlag, Berlin

298 Deja, Christiane 1991

299 Klappentext zu Deja 1991

300 Klappentext zu: Friday 1991

301 Zeitschrift STERN, Ausgabe 50/93

302 ebd., S.31

303 ebd., S.34

304 ebd., S.34

305 Zeitschrift P.M., Heft 93/032; S.71

306 Andrea Dworkin zitiert in: Stern, a.a.O., S.221

307 Alice Schwarzer, zitiert in: Zeitschrift STERN, Heft 13/87

308 Glogger, a.a.O., S.122

309 Zeitschrift FOCUS, Heft 48/93

310 Weissberg 1993

311 Artikel aus der OP vom 13./14.2.93

312 Batscheider/Lang/Petry 1990, S.6

313 vgl. Schenk, Herrad 1983; vgl. Antimilitarismus Information, Heft 8, Berlin 1987; vgl. French 1992, S. 34f

314 Batscheider/Lang/Petry, a.a.O., S.5

315 Gilmore 1991

316 vgl. Badinter 1988; MERIAN, Band 10 Indonesien; Janov 1984, zitiert nach Stern, a.a.O.

317 Heyne, S.85

318 Stern, a.a.O., S.124

319 aus: Friedensforschung Aktuell, Heft der HSFK., Ausgabe 24, Winter 1990

320 vgl. Miller-Gaerhardt 1982; vgl. Janssen-Jurreit 1976

321 Heyne, a.a.O., S.80

322 Arbeitsblatt ASMZ Nr. 1/92

323 Wette, a.a.O., S.35

324 ebd., S.35

325 Beitrag Lippert, Ekkehard in: Wette, a.a.O., S.427
326 Bericht: OP vom 27.4.1993
327 Wette, a.a.O., S.9
328 vgl. die Statistiken von Rüdiger Overmans 1989, S.858-873 vgl. Bernhard R. Kroener 1988, S.693ff, bes. S.957ff
329 vgl. Werner Lahne 1965. In: Soldat-ein Berufsbild im Wandel 1989
330 vgl. Untersuchungen von Franz Seidler 1977, S. 235. in. Wette, a.a.O., S.24/25
331 Beitrag Schröder, Hans-Joachim, S.195. In:Wette, a.a.O., S.30
332 Zeitung DIE ZEIT Nr. 14 vom 1.4.1988
333 Wette, a.a.O., S.32; vgl. auch Beyer 1987, S.27
334 Batscheider/Lang/Petry: Kriegerische Männer - Friedliche Frauen in: Friedensforschung Aktuell, Heft der HSFK, Ausgabe 24, Winter 1990, S.1
335 Schenk 1983
336 aus dem Seminar "Gewalt und Frieden - Männer und Frauen", Universität Frankfurt, Sommersemester 1993
337 vgl. Laukhard 1955
338 Stern 1991, S.126
339 Shell-Studie 2002 in: Hofmann, S.122
340 Hofmann, S. 122 Diskussionsforum „Aktion Mensch"
341 karriere.de vom 22.8.2012 Teil 1-6
342 http://www.spiegel.de/unispiegel/jobundberuf/verdacht-der-diskriminierung-frauen-an-der-hu-berlin-bevorzugt-a-972145.html
343 http://sciencefiles.org/2013/05/30/blacklist-mannerdiskriminierung-an-hochschulen-mendiscrimination/
344 sciencefiles.org/2013/08/09/brauchen-wir-professuren-fur-genderforschung-an-universitaten-und-hochschulen/
345 ZEIT-online 2013/24
346 http://www.kleinezeitung.at/nachrichten/politik/3133082/minister-stoppt-frauen-bevorzugung.story#forummain
347 http://deutschlandradiokultur.de/das-einzige-womit-frauen-karriere-machen-koennen-ist.954.de.html?dram:article_id146683
348 Bischoff, Sonja 1999: Männer und Frauen in Führungspositionen der Wirtschaft in Deutschland
349 http://canada.com/ottawa/ottawacitizen/letters/story.asp?id={F241E226-1B31-490A-B53C-ED8F11D18602}.
350 Doris Lessing zitiert in: the guardian vom 14.8.2001
351 http://www.bmfsfj.de/BMFSFJ/Gleichstellung/perspektiven-fuer-jungen-und-maenner.html, Artikel vom 17.7.2014
352 Martin Massow, S. 184

WiSa